Fiston TSHIANYI WA TSHIANYI

Tratamento de classes desbalanceadas utilizando métodos de montagem

Fiston TSHIANYI WA TSHIANYI

Tratamento de classes desbalanceadas utilizando métodos de montagem

ScienciaScripts

Cover image: www.ingimage.com

This book is a translation from the original published under ISBN 978-620-6-70636-6.

Publisher:
Sciencia Scripts
is a trademark of
Dodo Books Indian Ocean Ltd. and OmniScriptum S.R.L publishing group

120 High Road, East Finchley, London, N2 9ED, United Kingdom
Str. Armeneasca 28/1, office 1, Chisinau MD-2012, Republic of Moldova, Europe
Printed at: see last page
ISBN: 978-620-7-86643-4

EPIGRÁFICO

"A inteligência artificial é definida como a capacidade de uma máquina aprender, adaptar-se e resolver automaticamente problemas complexos com uma precisão e um desempenho crescentes que beneficiam a sociedade."

Sri Amit Ray

DEDICAÇÃO

Para o meu irmão, Felly MBALA TSHIANYI.

Fiston TSHIANYI

AGRADECIMENTOS

Antes de mais, gostaríamos de agradecer ao nosso único Senhor e Salvador, o **SENHOR JESUS CRISTO, pela** sua bondade ao conceder-nos a oportunidade de concluir os nossos estudos universitários.

Os nossos sentimentos de gratidão são também canalizados para o Professor Doutor **KAFUNDA KATALAY Pierre** e **KATULUMBA NGANDU Marcel** Assistant, respetivamente Diretor e Co-Diretor, por terem aceitado dirigir este trabalho apesar das suas múltiplas ocupações.

Gostaríamos também de reiterar os nossos agradecimentos a todos os professores, supervisores, assistentes, conferencistas e a todo o pessoal da Universidade de Mbujimayi, Faculdade de Ciências Aplicadas, Departamento de Engenharia Informática, que, através das suas contribuições de qualquer tipo, orientaram o meu pensamento e aceitaram encontrar-se comigo e responder às minhas perguntas ao longo da minha investigação.

E vocês, os meus heróis, os meus pais, **Alidor TSHIANYI MUTOMBO** e **Mamie MOKOLA MBALA**, que sempre estiveram ao meu lado. Sacrificaram tudo pelos vossos filhos, sem poupar saúde nem esforço.

Os meus agradecimentos especiais vão para **Deo Gracias KABULU, Felly MBALA TSHIANYI, Anita NTANGA NKASHAMA, Arlette MULEKA MBALA et Freddy MFWENDE** pelo seu apoio constante aos meus modestos esforços.

Seria um ato de ingratidão não honrar a contribuição dos nossos irmãos, irmãs, tios, tias, primos e avós: **Félicien MBALA KAFIONDO, Berthe MVUMBI, Naomie CIDIBI, Huguette MUADI, Merveil KABEMBA, Divine MBIAYA, Bétine MASANGU, Emmanuel MUANJI, Racheté MOKOLA.**

Por último, gostaríamos de agradecer aos nossos chefes de departamento, amigos e colegas, uns pela sua simpatia e outros pelo seu apoio e orações. Os nossos pensamentos estão com : **Trésor KHASA, Guy MALUMBA, Jules TSHIMPAKA, John KALALA, Marius Trésor KATENDA, Jean Luc MUTEBA, Elie NGAMBWA, Neville Ormane KAMBAJA, Nick NSANGANA, Doudou KATENDA, Emmanuel KIBUANA, Gustave KABUYA, Serge KASAMBAYI, Arnold KADIMA, Sharon MIANDABU, Bérénice LUSAMBA, Chirac KAZADI, Steven NGELEKA, Pierre Damien MUAMBA, Michael CIBANGU, Cédric MBUYI, Merveil NTUMBA, Fabrice KALUBIAKA**, etc... aqui ficam os meus agradecimentos.

Gostaríamos de expressar a nossa profunda gratidão a todos aqueles que contribuíram de uma forma ou de outra, direta ou indiretamente, mas cujos nomes não serão mencionados neste trabalho.Fiston TSHIANYI

LISTA DE ACRÓNIMOS

Nº	**Código / Acrónimo**	**Significado**
1.	ML	Aprendizagem automática
2.	SVM	Máquina Vetorial de suporte
3.	IA	Inteligência Artificial
4.	K-PPV	K vizinhos mais próximos
5.	KNN	K vizinhos mais próximos
6.	EM	Expectativa-Maximização
7.	RPG	Propagação do gradiente
8.	H	Hiperplano
9.	MCS	Sistemas multi-classificadores
10.	SQL	Linguagem de consulta de estrutura
11.	RF	Floresta aleatória
12.	RCW	Floresta aleatória equilibrada
13.	**WBF**	**Floresta aleatória ponderada**

RESUMO

Esta dissertação trata da otimização das decisões utilizando métodos ensemblísticos para o tratamento de bases de dados desequilibradas. Para tal, recorremos a métodos de conjuntos, que se baseiam na combinação homogénea de previsões ou classificadores para uma melhor generalização.

No nosso projeto de final de curso, utilizámos a base de dados de deteção de fraudes com cartões de crédito para gerar e avaliar o modelo proposto. Também escolhemos o método de combinação de floresta aleatória, que combina várias árvores de decisão e aplica a estratégia de votação por maioria para produzir uma previsão óptima.

Palavras-chave: Inteligência artificial, métodos de conjuntos, floresta aleatória, classificador, previsão, árvore de decisão, classes desequilibradas.

RESUMO

A presente tese diz respeito à otimização da decisão através dos métodos de conjuntos para o tratamento de bases de dados desequilibradas. Para tal, utilizamos métodos de conjuntos que se baseiam na combinação homogénea de previsões ou classificadores para uma melhor generalização.

No nosso projeto de fim de curso, utilizámos a base de dados de deteção de fraudes com cartões de crédito para gerar e avaliar o modelo proposto. Também escolhemos o método da floresta aleatória, que combina várias árvores de decisão e aplica a estratégia de votação por maioria para chegar a uma previsão óptima.

Palavras-chave : Inteligência artificial, métodos de conjuntos, Random Forest, classificador, predição, árvore de decisão, classes desequilibradas.

ÍNDICE

INTRODUÇÃO GERAL

Uma decisão precisa e sólida é geralmente tomada por consenso por um grupo de decisores e não por uma única pessoa. Há duas razões para colocar um grupo de decisores no comando em vez de um único decisor: Uma má decisão individual tem geralmente consequências graves, pelo que tentamos obter uma decisão o mais objetiva possível recorrendo a grupos de decisores para ter vários pontos de vista. A segunda razão para utilizar um comité de decisores é que os vários intervenientes podem ter apenas uma visão parcial do problema. O acordo sobre o diagnóstico é então alcançado por uma maioria das várias partes interessadas.

A aprendizagem automática baseia-se atualmente nesta abordagem para encontrar algoritmos de construção de conjuntos de classificadores (Ensemble Learning). O objetivo é obter um novo classificador, composto por um conjunto de preditores de base, de modo a reduzir o número de exemplos mal classificados, mantendo um tempo de cálculo razoável.

No caso de dados desequilibrados, o que é bastante frequente, o preditor terá sempre tendência, durante a fase de treino, para predizer os indivíduos da classe maioritária e negligenciar os da classe minoritária, que é, na maioria dos casos, uma classe de interesse e muito interessante. Este cenário adotado pelo classificador (preditor) e m caso de desequilíbrio de classes expõe-no ao risco constante de fazer previsões tendenciosas.

Com base no comportamento do classificador na situação anterior, colocámos a nós próprios duas questões que constituem o nosso problema, nomeadamente

- Como podemos lidar com o desequilíbrio nos conjuntos de dados, no caso da classificação binária?
- Qual é o melhor método a utilizar?

Foram propostos vários métodos para resolver este famoso problema. Estes métodos dividem-se em duas categorias:

- Os métodos que utilizam estratégias de amostragem são aplicados aos dados. Existem dois tipos: a sobreamostragem, em que o princípio é aumentar aleatoriamente o número de indivíduos pertencentes à classe minoritária para reequilibrar as classes. A subamostragem, por outro lado, consiste em retirar aleatoriamente indivíduos da classe maioritária, a fim de encontrar um equilíbrio com a classe minoritária.
- Os métodos algorítmicos consistem em modificar intrinsecamente o algoritmo para ter em conta a situação de desequilíbrio das classes.

Assim, no nosso trabalho, propomos os dois métodos a fim de identificar o melhor método adaptado aos problemas das bases de dados desequilibradas.

Este trabalho, intitulado "Otimização da tomada de decisão utilizando métodos ensemblist para o tratamento de classes desequilibradas", é realizado durante um período que vai de janeiro de 2022 a dezembro de 2022.

O seu principal interesse é a previsão da fraude com cartões de crédito. O nosso estudo limita-se à criação de um modelo que combina árvores de decisão para prever a deteção de fraudes com cartões de crédito.

Tendo em conta o que precede, dividimos o nosso trabalho em quatro capítulos, para além da introdução e da conclusão geral:

- Capítulo Um: Apresentaremos o estado da arte da aprendizagem artificial.
- Capítulo 2: Fazemos uma apresentação pormenorizada dos classificadores automáticos e dos diferentes tipos de algoritmos utilizados.
- Capítulo Três: Começamos por ver os métodos de conjunto e depois as classes desequilibradas.
- Capítulo Quatro: O último capítulo é dedicado à discussão dos resultados experimentais obtidos.

CAPÍTULO UM : APRENDIZAGEM AUTOMÁTICA

1. INTRODUÇÃO

A Inteligência Artificial (IA) é uma disciplina científica que estuda a forma de criar os chamados programas inteligentes. Por programas inteligentes, entende-se geralmente os programas capazes de resolver problemas tradicionalmente considerados específicos das capacidades humanas.

Há quase meio século que os investigadores da inteligência artificial trabalham na programação de máquinas capazes de realizar tarefas que exigem inteligência. Estas incluem o apoio à decisão, o reconhecimento de padrões, o controlo de processos, a previsão, o controlo de robôs e a exploração de grandes bases de dados (extração de dados). Cada uma destas tarefas e muitas outras tem estimulado a inventividade dos investigadores e conduzido a muitas realizações impressionantes. No entanto, é difícil programar máquinas capazes de se adaptarem a todas as situações e, eventualmente, de evoluírem em resposta a novos condicionalismos. O desafio consiste em contornar esta dificuldade, dotando a máquina de capacidades de aprendizagem que lhe permitam tirar partido da sua experiência. É por esta razão que a investigação sobre o raciocínio automático se desenvolveu a par da investigação sobre a aprendizagem automática.

Antes de abordar este tipo de aprendizagem, vejamos rapidamente algumas actividades de aprendizagem natural. Desde o nascimento, a criança aprende a reconhecer o cheiro da mãe, depois a sua voz e, de uma forma mais geral, a atmosfera do local onde vive. Mais tarde, aprende a andar, demonstrando uma grande capacidade de integrar diferentes sinais: visão, sentido de equilíbrio, coordenação motora. Começa por aprender de cor as palavras associadas aos sons e aos seus significados. Mais tarde, aprende as regras para distinguir os agrupamentos silábicos dentro das palavras e para as pronunciar. Este processo de aprendizagem é longo e gradual, exigindo repetição e sequências de exercícios bem escolhidas. É parcialmente supervisionado por adultos, que preparam as tarefas de aprendizagem, orientam os progressos da criança e recompensam ou punem os resultados observados.

Nos anos seguintes, a criança aprende por etapas a dominar conceitos e operações cada vez mais abstractos. Por fim, desta vez sem o acompanhamento de um professor, descobrirá e articulará os seus próprios pontos de vista e teorias sobre fenómenos sociais, desportivos, económicos, naturais e outros.

2. ALGUMAS DEFINIÇÕES BÁSICAS [1]

Antes de darmos algumas definições essenciais da aprendizagem artificial, comecemos por definir o que é a aprendizagem em dois aspectos.

1.1. Aprendizagem

➢ Na ciência cognitiva, a aprendizagem é a capacidade de melhorar o desempenho durante a realização de uma atividade.

➢ É também visto como um processo sistematicamente orientado para a aquisição de
determinadas competências, saber-fazer, competências interpessoais e competências futuras

➢ Assim, ao nosso nível, podemos dizer que a aprendizagem também pode ser definida como um processo ou uma ação destinada a melhorar as aptidões (capacidades, competências, lucidez, faculdades, etc.) à medida que avançamos, com base em certas observações feitas no decurso de uma atividade.

1.2. Aprendizagem artificial

A aprendizagem artificial ou aprendizagem automática pode ser definida como: uma ciência que procura e estabelece ligações entre os princípios gerais da aprendizagem e os métodos e ferramentas que permitem que a aprendizagem ocorra num determinado contexto.

Disciplina científica que se ocupa do desenvolvimento, análise e aplicação de métodos automatizáveis que permitem a uma máquina (no sentido lato) evoluir através de um processo de aprendizagem e, assim, realizar tarefas difíceis ou impossíveis de executar por meios algorítmicos mais convencionais.

A aprendizagem artificial, como veremos mais adiante, é uma ferramenta capaz de resolver uma série de problemas e é aplicada em vários domínios. Ela própria é uma disciplina na intersecção de várias outras, como mostra a figura abaixo.

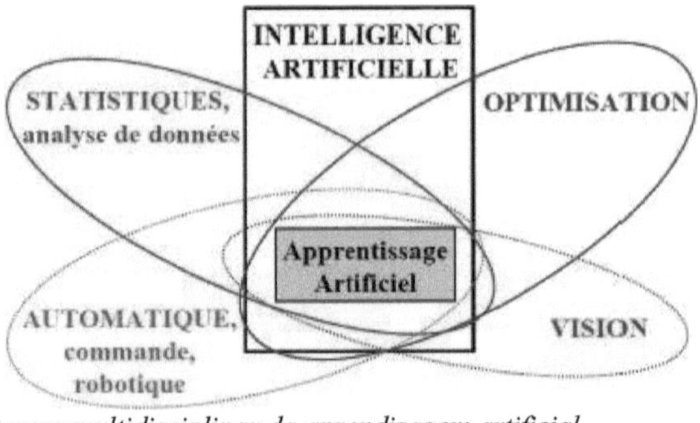

Figura 1.1: A natureza multidisciplinar da aprendizagem artificial

Conhecida vulgarmente como Aprendizagem Automática, envolve a elaboração de programas informáticos capazes de se aperfeiçoarem automaticamente ao longo do tempo, com base na sua própria experiência ou em dados anteriores fornecidos por outros programas.

3. TERMOS-CHAVE [18]

Os sistemas de aprendizagem automática aprendem a combinar dados para formular previsões efectivas sobre dados que nunca foram observados antes.

1.3. Um indivíduo

Um indivíduo é o constituinte de um conjunto, representado pelas suas características estudadas. No que se segue, referir-nos-emos a cada $xi \in X$ como um indivíduo. Com X : Conjunto de indivíduos.

1.4. Uma variável

Uma variável é uma função cujo objetivo é atribuir um determinado valor a cada indivíduo no domínio de observação.

yh:X→Oh xi:→yh(xi)

Com : X: Conjunto de indivíduos ou instâncias

Oh: Área de observação.

1.5. Uma etiqueta

Um rótulo é o resultado da previsão; a variável y numa regressão linear simples.

1.6. Uma caraterística

Uma caraterística é uma variável de entrada. Um projeto simples de aprendizagem automática pode utilizar uma única caraterística, enquanto um projeto mais sofisticado utilizará vários milhões, especificados na forma: $\{x1, x2, \ldots xn\}$.

1.7. Um exemplo

Um exemplo é uma instância particular de dados, x. (x representa um vetor.) Os exemplos dividem-se em duas categorias:

- Exemplos rotulados: um exemplo rotulado é constituído por uma ou mais características e uma etiqueta. Os exemplos rotulados são utilizados para treinar o modelo.
- Exemplos não rotulados: Um exemplo não etiquetado contém características mas não etiquetas e é utilizado para prever a etiqueta em exemplos que não as têm.

1.8. Um modelo

Um modelo define a relação entre as características e a etiqueta. Tem duas fases de vida que são :

- A aprendizagem consiste em criar ou treinar o modelo. Por outras palavras, o utilizador apresenta ao modelo exemplos rotulados e permite-lhe aprender gradualmente as relações entre as características e o rótulo.
- A inferência envolve a aplicação do modelo treinado a exemplos não rotulados. Por outras palavras, o modelo treinado é utilizado para fazer previsões eficazes.

1.9. Um conjunto de dados

Um conjunto de dados é um conjunto de exemplos que já foram processados, como para Para cada entrada, a saída é conhecida.

$\beta = \{(x_i, \boldsymbol{y_i}) \in \{\mathbf{1,...,N}\} \mid x_i \in \boldsymbol{X},\ y_i \in \boldsymbol{Y}\}$

1.10. A diferença entre regressão e classificação

Os modelos de regressão prevêem valores contínuos. Por exemplo, formulam previsões que respondem a perguntas como :

- Qual é o valor de uma casa em Kinshasa?
- Qual é a probabilidade de um utilizador clicar neste anúncio?

Os modelos de classificação prevêem valores discretos. Por exemplo, formulam previsões que respondem a perguntas como as seguintes:

- Uma determinada mensagem de correio eletrónico é considerada spam ou não?
- Esta imagem representa um cão, um gato ou um hamster?

4. OS OBJECTIVOS DA APRENDIZAGEM AUTOMÁTICA [23]

A aprendizagem automática, que é um dos subdomínios da inteligência artificial, visa extrair e explorar automaticamente as informações presentes num conjunto de dados. Abrange uma vasta gama de objectivos, incluindo a extração de dados, a classificação não supervisionada, a seleção de variáveis, a discriminação, a regressão, a seleção de modelos, a geração e inferência de regras, etc.

É também altamente multidisciplinar, uma vez que, dependendo dos dados e dos objectivos, a aprendizagem automática recorre às ciências da computação, às neurociências, ao processamento de sinais, às ciências cognitivas, à teoria da informação, à biologia, à estatística e ao senso comum.

5. OS RISCOS DA APRENDIZAGEM ARTIFICIAL [1].

As principais características e competências adoptadas pelos programas de aprendizagem incluem
artificial, podemos listar :

➢ Formação, que é frequentemente sinónimo de aprendizagem.
definido acima ;

➢ **Adaptação ou melhoria**: é a vontade do modelo (algoritmo ou sistema) de corrigir o seu comportamento ou de reformular a sua resposta (por exemplo, previsão) a novas situações;

➢ **Generalização**: a capacidade de reconhecer novos exemplos que nunca foram vistos antes
anteriormente ;

➢ **Inteligibilidade: significa** melhorar a compreensão dos resultados da aprendizagem, de modo a que o modelo possa fornecer conhecimentos claros e compreensíveis, no sentido de Compreensibilidade ou Compreensibilidade;

➢ **Exatidão**: é a diferença entre um valor medido ou previsto pelo modelo e um valor real;

➢ **Previsão**: consiste em prever (ou dizer antecipadamente) as consequências de um acontecimento ou decisão presente com base em factos passados;

➢ **Classificação**: Na análise de dados, a classificação consiste em agrupar conjuntos de exemplos, muitas vezes de forma não supervisionada, em classes. Estas classes são geralmente organizadas numa estrutura: clusters ou agrupamentos, ou a classificação também envolve a classificação de indivíduos de acordo com algumas das suas características semelhantes. De uma forma mais geral, podemos também dizer que a classificação ou a análise de clusters (agrupamento) é a tarefa de segmentar uma população heterogénea num número de classes mais homogéneas chamadas clusters;

➢ **Classificação**: refere-se ao processo de reconhecimento de classes descritas em extensão (pelos valores dos seus descritores) em extensão (pelas suas propriedades);

➢ **Um classificador**: classifica em grupos (classes) as amostras que têm propriedades semelhantes, medidas pelas observações. Um classificador linear é um tipo específico de classificador, que calcula a decisão através da combinação linear das amostras;

➢ **Regressão**: é um conjunto de métodos estatísticos amplamente utilizados para analisar a relação entre uma variável e uma ou mais variáveis.

6. CONCEITOS DE APRENDIZAGEM ARTIFICIAL [16]

A aprendizagem automática procura permitir que os computadores imitem a capacidade humana de aprender a partir de exemplos, dando-lhes a capacidade de atuar sem serem explicitamente programados. Em geral, este domínio centra-se em algoritmos que aprendem com exemplos e depois generalizam para novos exemplos não observados anteriormente.

A aprendizagem automática é atualmente uma componente importante de vários domínios, como o processamento automático da linguagem natural, o reconhecimento de objectos, o reconhecimento da fala, a bioinformática e muitos outros. Em 1997, o Professor Tom Mitchell da Universidade Carnegie Mellon definiu formalmente a aprendizagem automática da seguinte forma

Existem vários tipos de aprendizagem automática, que se distinguem pela natureza das tarefas a aprender. Vamos agora analisar os principais tipos de aprendizagem.

1.11. APRENDIZAGEM SUPRIMIDA [1] [20]

A. *Introdução*

O objetivo da aprendizagem supervisionada é criar uma máquina inteligente capaz de prever a classe de uma nova instância. Explora algoritmos para atribuir indivíduos às suas respectivas classes e estes algoritmos são chamados classificadores, definidos como um algoritmo ou modelo matemático que atribui ou prevê a classe de uma nova instância.

De um modo geral, o objetivo de um modelo de aprendizagem automática é gerar uma função de previsão $f(\mathbf{x})$ a partir de um determinado conjunto de dados *D,* designado por conjunto de treino. Na aprendizagem supervisionada, *D* é constituído por pares de exemplos $(\mathbf{x},\mathbf{y})$, em que $\mathbf{x}$ **é** um vetor que serve de entrada ao modelo e $\mathbf{y}$ é um vetor alvo que representa o que queremos prever. Note-se que as entradas e os alvos são apresentados como vectores, mas podem ser substituídos por escalares. Ter um objetivo para cada exemplo, e utilizá-lo, é a caraterística principal da aprendizagem supervisionada. Suponhamos que a função $f(\mathbf{x})$, tendo como entrada o vetor $\mathbf{x}$ de tamanho *J*, tem a seguinte forma:

$$f(x) = \theta_0 + \theta_{1x1} + \theta_{2x2} + \dots + \theta_{JxJ} \quad (1.1)$$

Onde θ_0 a θ_J são os parâmetros do modelo de aprendizagem. O objetivo deste modelo é, portanto, encontrar os valores dos parâmetros de modo a obter as melhores previsões possíveis, ou seja, o mais próximo possível dos objectivos.

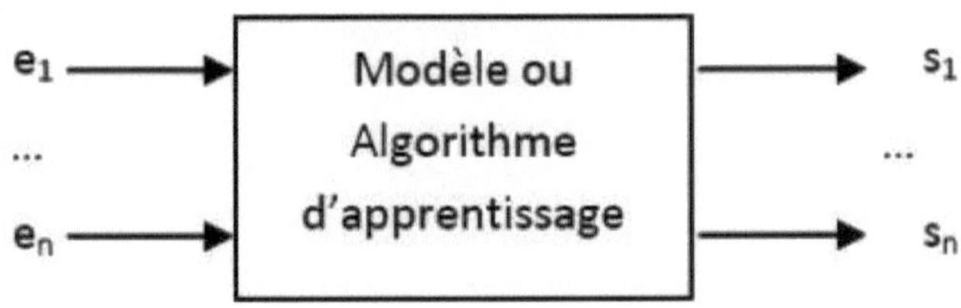

Figura 1.2: Diagrama do modelo supervisionado

B. *Formalismo*

Uma vez que partimos de exemplos e acabamos por classificar indivíduos, estamos a fazer uma indução e, portanto, uma generalização. Temos de ter em conta o facto de que cometemos erros neste processo. É por isso que temos de minimizar o risco de falsas atribuições ao nível do classificador.

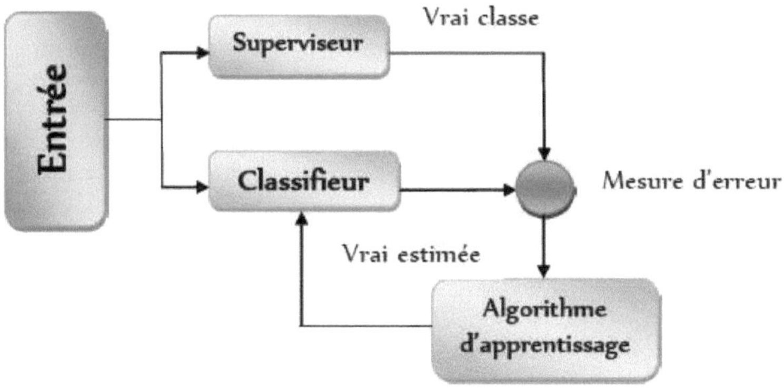

Figura 1.3: Aprendizagem supervisionada

C. **Alguns algoritmos que podem ser utilizados para esta análise**

Foram desenvolvidos vários algoritmos de classificação no domínio da aprendizagem supervisionada. Apresentamos de seguida algumas destas abordagens.

➢ ***Árvore de decisão***

A árvore de decisão, como o seu nome indica, é um agrupamento de funções locais estruturadas sob a forma de uma árvore. De facto, as funções são geralmente suficientemente localizadas para serem simples regras de condição-ação. O nó raiz está associado a um subconjunto D. Um nó é uma folha ou um nó interno que utiliza uma função f para separar o seu conjunto associado D em pelo menos dois filhos. Cada nó da árvore representa assim um classificador simplificado que toma a sua decisão com base num número mínimo de características.

As árvores de decisão são também técnicas de aprendizagem supervisionada e não supervisionada, permitindo a representação gráfica de um procedimento de classificação. São também ferramentas poderosas e populares para a classificação e a previsão. Estas árvores de decisão podem ser utilizadas para aprender estabelecendo novas ligações ou modificando as existentes. Com base em dados conhecidos sobre o problema, podem ser utilizadas para prever, reduzindo o domínio das soluções nível a nível.

A ideia básica subjacente à formação de árvores de decisão consiste em dividir recursivamente os exemplos no conjunto de treino da forma mais eficiente possível, utilizando uma função f que minimiza o erro empírico desta classificação local até obter subconjuntos de exemplos que contêm (quase) apenas exemplos que pertencem todos à mesma classe.

➢ ***K vizinhos mais próximos***

O método dos k vizinhos mais próximos é um método de aprendizagem supervisionado. Abreviado k-NN ou KNN, do inglês k-nearest neighbors. Neste contexto, temos um

base de dados de treino constituída por N pares "entrada-saída". Para estimar a saída associada a uma nova entrada x, o método dos k vizinhos mais próximos consiste em ter em conta (de forma idêntica) as k amostras de treino cuja entrada está mais próxima da nova entrada x, de acordo com uma distância a definir. Uma caraterística particular dos algoritmos k-NN é o facto de serem particularmente sensíveis à estrutura local dos dados.

➢ ***Redes neuronais***

As redes neuronais são um conjunto de neurónios (processador ou unidade de computação) interligados de tal forma que cada neurónio calcula a soma ponderada das suas entradas e atribui a função de ativação a essa soma, de modo a que o resultado obtido seja enviado aos neurónios a jusante. Como sistemas capazes de aprender, as redes neuronais aplicam o princípio da indução, ou seja, aprendem com a experiência. Com uma base de aprendizagem disponível, a rede deve ser treinada para obter a saída desejada para cada entrada, o que significa ajustar os pesos sinápticos de cada unidade da rede, de modo a que, quando um novo indivíduo chega, basta submetê-lo à rede e temos a saída prevista, ou seja, a classe de classificação a que pertence.

➢ ***Máquinas de vetor de suporte***

A Máquina de Vectores de Suporte é um método recente de classificação por aprendizagem supervisionada, que foi introduzido por Vladimir Vapnik em 1995. O aumento da popularidade deste método é justificado pelos sólidos fundamentos teóricos em que se baseia. Este método baseia-se na existência de um separador linear num espaço apropriado e na utilização de uma função kernel, que permitem uma separação óptima dos dados.

O objetivo das SVMs, no caso de um problema de classificação binária, é construir uma função de decisão (separador) que permita uma melhor separação dos dados e maximize a distância entre duas classes.

1.12. APRENDIZAGEM NÃO SUPERVISIONADA [16] [20]

O objetivo da aprendizagem não supervisionada é criar classes homogéneas a partir de uma população heterogénea não rotulada (ou seja, não dispomos de hipóteses ou de informações adicionais sobre os dados). Estas classes são criadas utilizando algoritmos de classificação automática, também conhecidos como clustering.

Ao contrário da abordagem supervisionada, o conjunto de dados D utilizado na aprendizagem não supervisionada não é constituído por pares de exemplos (**x**,**y**), mas apenas por **x**, ou seja, já não existe um objetivo associado a cada exemplo. Neste contexto, um modelo de aprendizagem automática apenas modelará a informação fornecida como entrada.

Na abordagem não supervisionada, a função $f(\mathbf{x})$ devolvida por um algoritmo de aprendizagem não é ditada pela natureza dos dados. Isto porque, ao contrário da abordagem supervisionada, não existe um objetivo explícito sob a forma de metas.

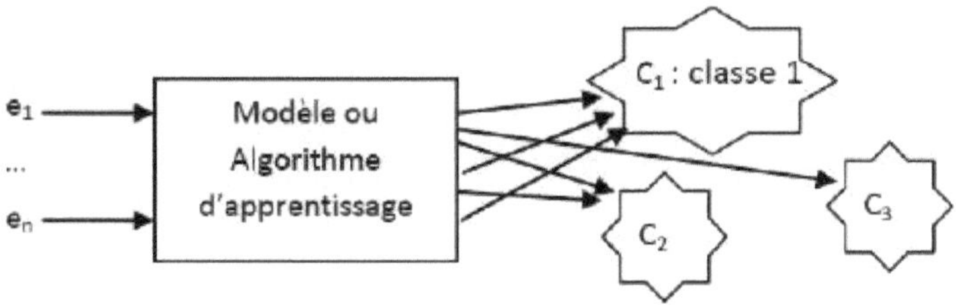

Figura 1.4: Diagrama do modelo não supervisionado

Existem muitos problemas na aprendizagem não supervisionada. Segue-se uma lista dos mais comuns:

- **Extração de características:** A função aprendida $f(\mathbf{x})$ fornece uma nova representação para a entrada **x**. Em geral, esta representação é utilizada para realizar outra tarefa para a qual é mais útil do que a entrada original.
- **Estimativa da densidade:** aqui $f(\mathbf{x})$ deve estimar a distribuição de probabilidade dos exemplos
do conjunto de acionamento.
- ***Agrupamento*:** No espaço que contém os dados do conjunto de treino, o algoritmo de aprendizagem deve identificar agrupamentos de exemplos distintos. Obtemos uma função $f(\mathbf{x})$ que fornece o índice do agrupamento associado ao exemplo **x**.
- **Redução da dimensionalidade: Tal** como na extração de características, $f(\mathbf{x})$ tem de fornecer uma nova representação para a entrada **x**. No entanto, o objetivo desta vez é obter uma representação com uma dimensionalidade menor do que a da entrada, mantendo a informação importante.

O processo de agrupamento baseia-se numa medida precisa da semelhança entre os objectos a agrupar. Esta medida é designada por distância ou métrica. Existem vários algoritmos de agrupamento diferentes, tais como :

- K-means (KMeans): O KMeans é um algoritmo de partição de dados num número K de grupos ou clusters. Cada objeto está associado a um único agrupamento. O número K é definido pelo utilizador.
- Fuzzy KMeans. Trata-se de uma variante do algoritmo anterior, que propõe que um não está associada apenas a um grupo.
- Maximização da Expectativa (EM). Este algoritmo utiliza probabilidades para

descrever que um objeto pertence a um grupo. O centro do grupo é então recalculado em relação à média das probabilidades de cada objeto do grupo.

- Agrupamento hierárquico. Dois sub-algoritmos são derivados deste, nomeadamente

o

Por um lado, existe o "bottom up", cuja função é aglomerar grupos semelhantes, reduzindo assim o seu número (tornando-os mais legíveis) e propondo uma ordem hierárquica, e, por outro lado, o "top down", que faz o contrário, dividindo recursivamente o primeiro grupo em subconjuntos.

1.13. APRENDIZAGEM SEMI-SUPERVISIONADA [16]

A aprendizagem semi-supervisionada é, de facto, uma mistura das duas abordagens que acabámos de apresentar, ou seja, a aprendizagem supervisionada e a não supervisionada. Porque é que se quer utilizar os dois tipos de aprendizagem em conjunto? A resposta está nos dados. É importante compreender que nem sempre é fácil obter dados rotulados, ou seja, um conjunto de treino em que cada exemplo está ligado a um objetivo. Muitas vezes, o tamanho do conjunto de treino não é suficientemente grande para representar corretamente a distribuição dos dados e, assim, permitir uma generalização adequada a novos exemplos. A falta de dados rotulados para determinadas tarefas não é invulgar. Esta falta pode ser explicada pelo facto de, por vezes, ser necessário recorrer a pessoas especializadas para associar manualmente os alvos, o que pode ser demasiado moroso ou dispendioso.

Para compensar a falta de dados etiquetados, podemos também utilizar conjuntos não etiquetados, que são normalmente mais fáceis de gerar e, por conseguinte, muito mais numerosos. Normalmente, um algoritmo de aprendizagem semi-supervisionada começa por utilizar dados não rotulados para estimar a densidade. Este primeiro passo é utilizado para inicializar os parâmetros do modelo e captar alguma informação sobre a distribuição dos dados. Em seguida, continuamos com este mesmo modelo, efectuando uma aprendizagem supervisionada no conjunto de treino rotulado.

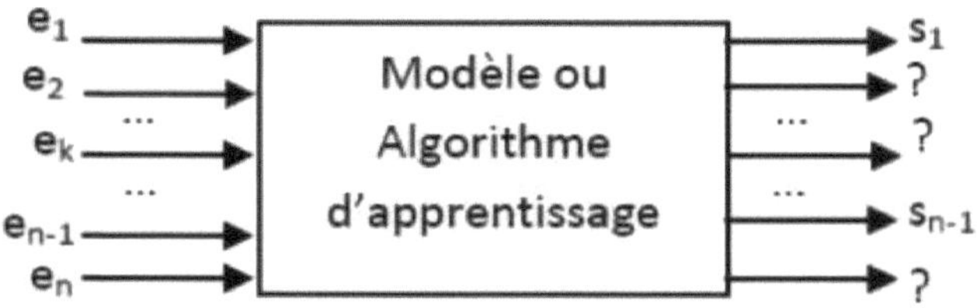

Figura 1.5: Diagrama do modelo semi-supervisionado

No final, um algoritmo de aprendizagem fornecerá uma função *f*(**x**) que prevê os objectivos dos dados rotulados. Esta abordagem é particularmente eficaz quando existe um pequeno número de exemplos etiquetados e um grande número de exemplos não etiquetados.

1.14. APRENDIZAGEM POR REFORÇO [16]

O domínio da aprendizagem por reforço procura ensinar um agente a comportar-se corretamente num ambiente específico, ou seja, de forma a atingir um objetivo previamente escolhido pelo utilizador. O problema a resolver é dividido numa sequência de etapas. Em cada etapa, um agente deve escolher entre um conjunto de acções, dando-lhe a oportunidade de interagir com o seu ambiente. Ao contrário da aprendizagem supervisionada, não existe um objetivo que dê ao agente a oportunidade de aprender um comportamento. Em vez disso, o agente recebe um sinal determinado pelo utilizador que lhe permite saber se agiu corretamente.

Para cada etapa da sequência, o agente recebe informações sobre o seu ambiente que o ajudarão a escolher a ação adequada. Durante a aprendizagem, o agente procurará maximizar o número de sinais positivos para melhorar o seu comportamento.

7. OS BENEFÍCIOS DA APRENDIZAGEM ARTIFICIAL [1]

As ferramentas analíticas tradicionais não são suficientemente potentes para explorar plenamente o valor dos grandes volumes de dados. O volume de dados é demasiado grande para uma análise exaustiva e as correlações e relações entre estes dados são demasiado grandes para que os analistas consigam testar todas as hipóteses de modo a retirar valor dos mesmos. Os métodos analíticos de base são utilizados pelas ferramentas de business intelligence e de elaboração de relatórios para comunicar somas, efetuar contas e realizar consultas SQL. O processamento analítico em linha é uma extensão sistemática destas ferramentas analíticas de base, que requerem a intervenção humana para especificar o que deve ser calculado.

As contribuições deste domínio podem ser agrupadas em duas áreas principais: extração de dados e de conhecimentos e reconhecimento de padrões. Eis apenas alguns dos contributos que podemos atribuir à aprendizagem artificial:

- Prever ou antecipar o comportamento dos clientes;
- Analisa os dados da empresa para a ajudar a direcionar melhor as suas campanhas publicitárias ou a oferecer um melhor serviço;
- Reconhecer e interpretar o discurso humano;
- Analisa automaticamente as fotografias de satélite para detetar determinados recursos terrestres;
- Ajuda os especialistas a tomar decisões em ambientes complexos e em mudança, como o mercado financeiro ou o diagnóstico médico;
- Pesquisa de imensas bases de dados heterogéneas, como os milhões de páginas Web acessíveis a todos.

8. DOMÍNIO DE APLICAÇÃO [17]

Vejamos agora como tornar um programa mais eficiente, dando-lhe a capacidade de aprender. Vejamos algumas das aplicações da inteligência artificial:

- Um programa de reconhecimento de voz aumenta o seu desempenho quanto mais for utilizado pela mesma pessoa: esta é uma experiência que é fácil de pôr em prática atualmente, se comprar um software de ditado de voz pessoal.
- Um programa de deteção de recursos terrestres aprende a reconhecer uma área de poluição no meio do mar a partir de uma base de dados de imagens de exemplo de áreas conhecidas como limpas ou poluídas: utiliza esta base de dados como uma experiência para determinar a sua decisão sobre uma área desconhecida.

- Um programa de diagnóstico baseado num conjunto de informações evolutivas retiradas de um paciente deve ter sido dotado de conhecimentos, baseados nos diagnósticos de profissionais e especialistas em situações típicas.
- Os motores de busca da Web poderiam ser equipados com um módulo de adaptação ao estilo de navegação do utilizador: trata-se de uma caraterística desejável para os tornar mais fáceis de utilizar.
- Os ficheiros de clientes de uma empresa são muitas vezes utilizados por um perito ou por um programa de peritos que utiliza regras explícitas para identificar um segmento de clientes suscetível de se interessar por um novo produto. Mas estas regras também podem ser adquiridas automaticamente, através de um processo de aprendizagem cujo objetivo é fornecer novos conhecimentos especializados que sejam simultaneamente eficazes e inteligíveis para o perito.
- Um programa de xadrez é geralmente muito eficaz a priori, mas é natural tentar dar-lhe um módulo onde possa analisar as suas derrotas e vitórias, para melhorar o seu desempenho médio em jogos futuros.

9. O OBJECTIVO [1]

A aprendizagem artificial visa treinar um algoritmo com base em exemplos, com o objetivo de construir um modelo de previsão. Por outras palavras, o objetivo é ser capaz de determinar o que liga uma saída a uma entrada.

O objetivo das ciências artificiais, e em particular da aprendizagem artificial, é compreender os fenómenos naturais, mas essa compreensão deve passar pela construção de modelos capazes de efetuar simulações.

10. RESUMO

Neste capítulo introdutório, tentámos descrever o ambiente em que trabalhamos e o contexto da aprendizagem artificial, que é um dos subdomínios da inteligência artificial e tem como objetivo extrair e explorar automaticamente a informação presente num conjunto de dados.

Desenvolvemos sucintamente o domínio da aprendizagem artificial, mencionando quase todos os aspectos relacionados, tais como os domínios de aplicação, as características e alguns métodos. Ilustra uma visão transversal de todo o trabalho, de modo que quase tocámos de leve nas generalidades dos conceitos nos restantes capítulos.

Agora que os objectivos fixados para este capítulo foram atingidos, o capítulo seguinte trata da noção de classificador automático, que é a divisão sistemática em classes de conceitos com características comuns, a fim de facilitar o seu estudo.

CAPÍTULO DOIS : CLASSIFICADORES AUTOMÁTICOS

1. INTRODUÇÃO [11]

O desenvolvimento das tecnologias da informação (hardware e software) permitiu armazenar e gerir grandes volumes de dados em vários domínios (medicina, economia, biologia, etc.). Mas, infelizmente, quando este volume de dados é considerável, é difícil extrair informações úteis dos dados, uma vez que, devido ao seu elevado volume, os dados ocultam os conhecimentos úteis para a tomada de decisões. Por conseguinte, foram desenvolvidos métodos de extração de dados para ultrapassar esta dificuldade.

O problema de classificação automática pode ser descrito da seguinte forma: um conjunto de dados, em que cada observação é constituída por uma variável-alvo, a variável que se pretende classificar, e por variáveis explicativas, que podem ser utilizadas para prever o comportamento da variável-alvo. No contexto de um problema de classificação, a variável-alvo deve ser categórica, sendo cada um dos valores que pode assumir designado por classe.

2. ALGUMAS DEFINIÇÕES [23] [32]

O Trésor de la Langue Française define a classificação como "a divisão sistemática em classes ou categorias de seres, coisas ou conceitos com características comuns, nomeadamente para facilitar o seu estudo".

Por conseguinte, definiremos um classificador como uma ferramenta automática. De um ponto de vista matemático, um classificador é uma aplicação de um espaço de atributos X (discretos ou contínuos) a um conjunto de etiquetas Y.

3. O OBJECTIVO [20]

O objetivo da classificação é estabelecer relações de ordem entre os indivíduos, a fim de obter uma informação o mais concisa possível, atingindo o nível mais elevado de abstração.

4. TÉCNICAS DE CLASSIFICAÇÃO [20].

As técnicas de classificação automática produzem agrupamentos de objectos (ou indivíduos) descritos por um certo número de variáveis ou caracteres (os atributos). A utilização destas técnicas está frequentemente associada a pressupostos, se não mesmo a requisitos, sobre os agrupamentos de indivíduos. Existem várias famílias de algoritmos de classificação, nomeadamente Algoritmos de partição; Algoritmos bottom-up (aglomerativos); Algoritmos top-down (divisivos).

Cada uma destas técnicas tem vantagens e desvantagens diferentes, pelo que são seleccionadas em função do contexto de aplicação. Naturalmente, estes aspectos também justificam a utilização combinada de classificadores.

5. MÉTODOS DE CLASSIFICAÇÃO [11][12][21][25][29]

O problema da classificação consiste em atribuir os objectos de um conjunto de dados a categorias ou classes predefinidas. Este tipo de pergunta é um dos problemas encontrados durante a fase de agrupamento e classificação dos dados.

A este respeito, nenhum método de classificação foi capaz de ser especificado para qualquer problema em particular. Apresentaremos uma visão geral dos métodos de classificação mais conhecidos, que podem ser divididos em dois grupos:

- Métodos de classificação automática (também conhecidos como métodos de agrupamento): métodos baseados na noção de aprendizagem não supervisionada, que consiste em agrupar objectos pertencentes a um conjunto T em classes restritas, de modo a que os objectos da mesma classe estejam o menos dispersos possível.
- Métodos de atribuição (também conhecidos por "classificadores") baseados na noção de aprendizagem supervisionada: métodos que utilizam um conjunto de exemplos em que as classes a que pertencem são conhecidas de antemão. A partir deste conjunto, são definidas normas (ou regras) de atribuição.

a. MÉTODOS DE CLASSIFICAÇÃO AUTOMÁTICA

O objetivo destes métodos é agrupar os indivíduos num número limitado de classes homogéneas. Neste tipo de método, as classes são obtidas através de algoritmos formalizados. Existem também métodos de classificação não hierárquicos e hierárquicos.

A. Métodos não hierárquicos

São métodos que produzem diretamente uma partição num número fixo de classes. Estes métodos incluem :

i. Método de liderança

Este método considera cada objeto apenas uma vez. Quando o primeiro objeto chega, é-lhe atribuída a primeira classe e torna-se o líder dessa classe. Depois, sempre que um novo objeto chega, calculamos a sua distância em relação aos líderes de cada uma das classes existentes nesse momento e comparamos essa distância com um limiar.

Se esta distância for inferior ao limiar definido, é atribuída ao novo objeto a classe do primeiro líder encontrado (para o qual a distância calculada é inferior ao limiar); caso contrário, é criada uma nova classe e o novo objeto torna-se o líder dessa classe.

➢ método k-means

Este método é também conhecido como algoritmo do centro móvel. Neste tipo de algoritmo, a classe é representada pelo seu centro de gravidade. O algoritmo k-means, desenvolvido por McQueen em 1967, é um dos algoritmos de agrupamento mais conhecidos. Baseia-se no método do centróide.

B. *Métodos hierárquicos*

A classificação hierárquica envolve o agrupamento de objectos ou grupos de objectos em classes progressivamente mais finas, agregando os objectos ou grupos de objectos mais próximos em cada fase. Obtém-se assim um conjunto de partições do conjunto de objectos.

Esta abordagem utiliza a noção de distância para refletir a homogeneidade ou heterogeneidade das classes. Considera-se que um elemento pertence a uma classe se estiver mais próximo dessa classe do que de todas as outras.

➢ Métodos de aprendizagem indutivos

Os métodos de aprendizagem indutiva consistem em inferir regras de decisão a partir de exemplos de diferentes classes. Isto é feito com o objetivo de generalizar para prever novos casos, com base nos parâmetros que os descrevem.

➢ método dos k vizinhos mais próximos (k-ppv)

O princípio geral do método k-ppv consiste em procurar no conjunto de treino T, que contém todos os indivíduos e as suas classes de atribuição, um número k de indivíduos tão próximo quanto possível do indivíduo a classificar. O indivíduo é então atribuído à classe maioritária entre os k indivíduos encontrados. O número k é definido a priori pelo utilizador.

➢ Redes neuronais

As redes neuronais são um conjunto de neurónios (processador ou unidade de computação) interligados de tal forma que cada neurónio calcula a soma ponderada das suas entradas e atribui a função de ativação a essa soma, de modo a que o resultado obtido seja enviado para os neurónios a jusante. Baseia-se no paradigma do cérebro humano, como mostra a figura abaixo:

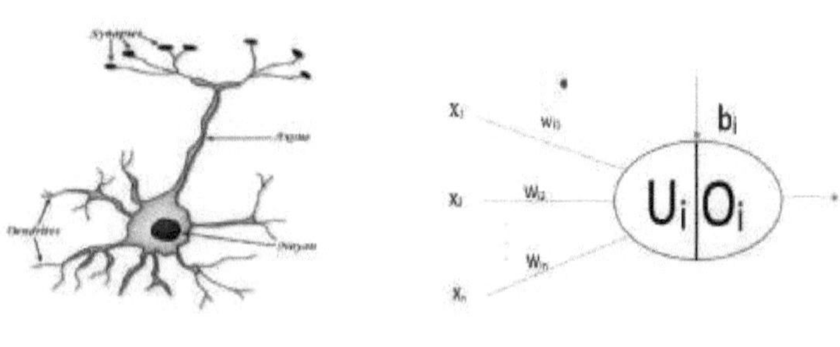

Figura 2.1: Neurónio biológico e formal

O cérebro é constituído por cerca de 1012 neurónios (mil milhões), com 1000 a 10000 sinapses (ligações) por neurónio. O neurónio é uma célula constituída por um corpo celular e um núcleo. O corpo celular ramifica-se para formar os chamados dendritos. Estes são por vezes tão numerosos que são designados por pêlos dendríticos ou arborização dendrítica. É através dos dendritos que a informação é transmitida do exterior para o soma, o corpo do neurónio.

➢ **Máquinas de vetor de suporte**

As Máquinas de Vectores de Suporte são um método recente de classificação por aprendizagem supervisionada, introduzido por Vladimir Vapnik em 1995. O aumento da popularidade deste método é justificado pelos sólidos fundamentos teóricos em que se baseia. Este método baseia-se na existência de um separador linear num espaço apropriado e na utilização de uma função kernel, que permitem uma separação óptima dos dados.

Princípio de funcionamento: O objetivo das SVMs, no caso de um problema de classificação binária, é construir uma função de decisão (separador) que permita uma melhor separação dos dados e maximize a distância entre duas classes.

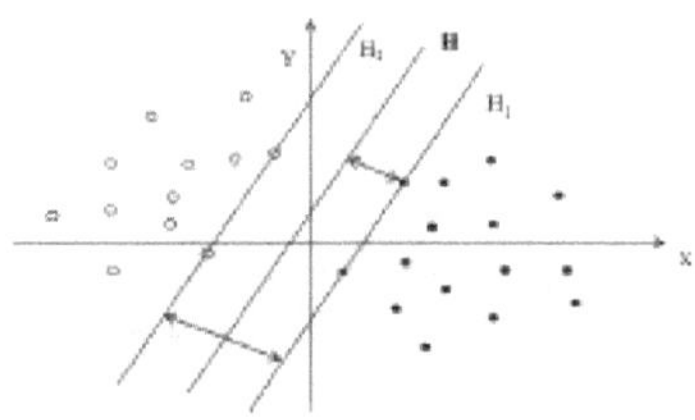

Figura 2.2: Máquina de vectores de suporte

➢ **Atribuição utilizando a abordagem da árvore de decisão**

Princípio: Uma árvore de decisão é uma estrutura recursiva simples utilizada para expressar um processo de classificação sequencial durante o qual é estabelecida uma correspondência entre um objeto descrito por um conjunto de características (atributos) e um conjunto de classes disjuntas. Cada folha da árvore representa uma classe e cada nó interior um teste sobre um ou mais atributos, produzindo uma sub-árvore de decisão para cada resultado de teste possível.

Construção de uma árvore de decisão: Dado um conjunto de treino T = {(x_i, c_j) / i =1, ..., m; j=1, ..., k}. A ideia de construir uma árvore de decisão utilizando T consiste em refinar T em subconjuntos sucessivos que conduzam a colecções de objectos com, no máximo, uma classe. Para o efeito, escolhemos um teste relativo a um ou mais resultados {R_1, R_2, ..., RL}.

T é então particionado em subconjuntos T_1, T_2, ..., TL onde T_i contém todos os indivíduos em T com o resultado Ri para o teste escolhido. A árvore resultante é constituída por um nó de decisão que identifica o teste e um ramo para cada resultado possível.

O passo mais importante na construção de árvores de decisão é escolher o melhor teste. Isto minimiza a mistura de classes dentro de cada subconjunto criado pelo teste. O critério de seleção mais frequentemente utilizado baseia-se na teoria da informação de Shannon. Este tipo de critério é utilizado para selecionar os diferentes testes através do critério do ganho de entropia. Para obter uma árvore mais simples e mais precisa para classificar os novos casos, podemos aplicar o princípio da poda.

O objetivo deste princípio é melhorar as qualidades de generalização e de previsão da árvore. O princípio da poda consiste em suprimir partes da árvore que são consideradas desnecessárias (ou ineficientes para prever a classe de novos casos).

Atribuição de novos indivíduos: A regra para atribuir um novo indivíduo é a seguinte: Começando na raiz da árvore, o indivíduo desce pela árvore até chegar a uma folha. Se a folha representar uma única classe, o indivíduo é atribuído a essa classe. Se a folha representar uma mistura de classes, o indivíduo é atribuído à classe maioritária.

6. O DESEMPENHO DOS MÉTODOS DE CLASSIFICAÇÃO

A maioria dos métodos de classificação mencionados neste capítulo tem sido amplamente aplicada em vários domínios, incluindo problemas de tomada de decisão. A questão que se coloca é como avaliar o desempenho de um método de classificação. Em geral, o conjunto de dados disponível é dividido em dois subconjuntos: um para treino e outro para teste.

O conjunto de treino é utilizado para determinar os parâmetros do modelo de classificação, por exemplo, os pesos no caso de uma rede neural. O conjunto de teste é utilizado para testar o desempenho do método, calculando a taxa de classificação correcta do conjunto de casos. Esta taxa é determinada dividindo o número de casos corretamente classificados pelo número de casos testados.

7. RESUMO

Neste capítulo, apresentámos as três técnicas de classificação: algoritmos de partição, algoritmos bottom-up e algoritmos top-down. Estas técnicas são as mais utilizadas na literatura.

Também mencionámos os vários métodos de classificação propostos na literatura para lidar com o problema da classificação de dados desequilibrados, agrupados em três famílias principais: métodos hierárquicos, métodos não hierárquicos e métodos de atribuição.

No capítulo seguinte, propomos um dos métodos de classificação automática, que pode ser utilizado para resolver o problema da classificação de dados desequilibrados.

CAPÍTULO TRÊS : MÉTODOS E CLASSES DE CONJUNTOS DESEQUILIBRADO

1. O CLASSIFICADOR AUTOMÁTICO [2][12][18][22][25].

1.1. INTRODUÇÃO

Os métodos de conjunto são uma família ou conjunto d e algoritmos que geram uma coleção de classificadores e agregam as suas previsões. Na literatura, foram propostas várias abordagens para obter uma classificação mais eficiente, incluindo métodos de conjunto.

1.2. OS OBJECTIVOS DA ABORDAGEM DE MONTAGEM

O objetivo é que o preditor final seja melhor do que cada um dos preditores individuais. Em vez de tentar otimizar um método, os métodos de montagem geram várias regras de previsão e, em seguida, reúnem as suas diferentes respostas.

1.3. DEFINIÇÕES DOS MÉTODOS DE MONTAGEM

Segundo Dietterich, um método ensemblístico é um conjunto diversificado mas preciso de classificações cujas decisões são combinadas por média ou por votação (a decisão mais popular) para obter uma decisão mais precisa.

Um classificador é exato se a sua taxa de erro for inferior a uma classificação aleatória, e duas classificações são diversas se cometerem erros diferentes em novos dados. Note-se que estes métodos podem ser aplicados a todos os algoritmos instáveis, aqueles para os quais uma pequena alteração nos dados de treino induz uma grande alteração no classificador final.

1.4. MELHORAR A PRECISÃO

Um conjunto de classificadores é mais preciso do que um único classificador pelas seguintes razões: como os classificadores são diversos, cometem erros em sítios diferentes, e tomar uma decisão média ou uma votação das suas decisões individuais reduz o risco de tomar a decisão errada.

1.5. TIPOS DE MÉTODOS DE CLASSIFICAÇÃO

A. *Ensacamento*

O ensemble é um método de conjunto baseado nos conceitos de bootstrapping e agregação. O bootstrapping foi concebido para gerar, de forma aleatória e remota, L cópias independentes de S objectos, denominadas bootstrap, a partir do conjunto inicial de amostras de treino de tamanho S.

Um objeto da base de dados inicial pode ser selecionado várias vezes, tal como pode estar ausente das cópias geradas. O mesmo classificador é aprendido em cada cópia. Obtemos então L classificadores com desempenhos diferentes.

A agregação consiste em combinar estes classificadores utilizando a votação por maioria como regra de combinação. O algoritmo seguinte ilustra o funcionamento da agregação.

Algoritmo 1: O método Bagging

Entrada :
^{a}B : base de aprendizagem
S: dimensão da base de aprendizagem
X: forma a reconhecer L classificador
Início
Para j de 1 a L **do Iniciar**
Gerar uma sub-base $_{bj}$ a partir de B^{a}
Construir o classificador $_{ej}$ (x) utilizando a base $_{bj}$
Fim para
Combinar os classificadores L construídos por votação maioritária para obter a decisão final de x.
Fim

O ensacamento é geralmente uma técnica que melhora o desempenho de classificadores instáveis (redes neuronais, árvores de decisão, etc.). Para classificadores estáveis (k vizinhos mais próximos com k grande, regressão linear), deteriora o desempenho da combinação. A previsão final do ensacamento é obtida por maioria de votos entre os classificadores intermédios.

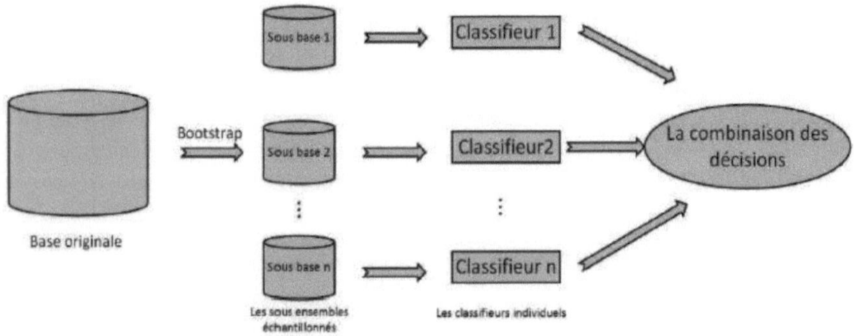

Figura 3.1: Princípio de ensacamento

B. <u>*Impulsionamento*</u>

O Boosting é um método de conjunto, cujo objetivo é melhorar os resultados e obter um classificador melhor a partir de um classificador com um desempenho inferior. O princípio baseia-se na combinação de classificadores.

Ao contrário do bagging, em que os conjuntos de treino bootstrap e os classificadores são construídos de forma independente, no boosting as amostras de treino são construídas de forma incremental pelo mesmo classificador e sequencialmente. Inicialmente, todas as amostras de treino têm pesos iguais e o classificador é construído nesta base. Em seguida, para cada etapa, as amostras são ponderadas de modo a que os objectos mal classificados tenham pesos elevados e o classificador é executado no novo conjunto de treino assim ponderado. Desta forma, obtém-se finalmente um conjunto de classificadores que são combinados através de uma votação ponderada para chegar à decisão final.

Algoritmo 2: O método Boosting

Entrada: Xapp: conjunto de exemplos de aprendizagem
Para cada exemplo $x_i \in$ Xapp **do**
$w_i \leftarrow$ 1=N
Fim para
Para t ε {1,... , T} **do**
$C_t \leftarrow$ livro de exercícios construído com estes N exemplos ponderados pelo w_i
$e \leftarrow$ Erro Ct medido neste conjunto de exemplos com esta ponderação
$\beta t \leftarrow 1/2\ log(1\text{-}et/et)$
Para cada exemplo xi ∈ Xapp **do**
wi $\leftarrow wie\text{-}\beta tyiyCt(xi)$
Fim para
Normalizar os pesos (de modo a que a sua soma seja 1)
Fim para

O Boosting baseia-se no mesmo princípio que o Bagging: constrói um conjunto de classificadores que são depois agregados por uma média ponderada dos resultados. No entanto, no caso do Boosting, este conjunto de classificadores é construído de forma recorrente e iterativa. Por outras palavras, cada classificador é uma versão adaptativa do anterior, dando mais peso às observações mal previstas.

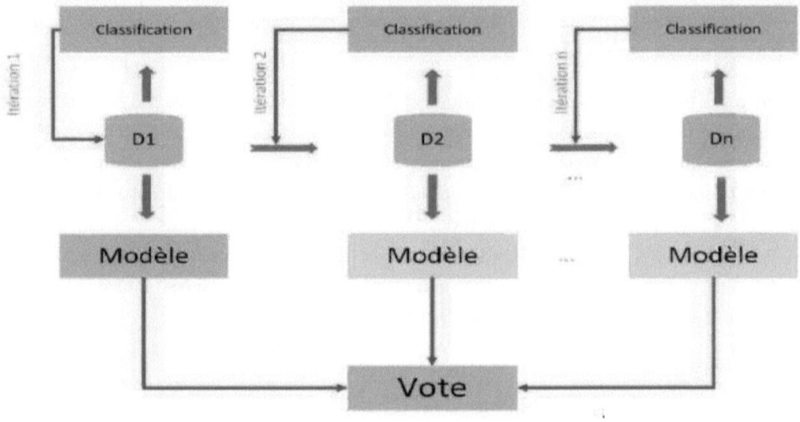

Figura 3.2: Princípio do boosting

C. <u>*Florestas aleatórias*</u> [10]

As florestas de árvores de decisão (ou classificadores de florestas aleatórias) são um tipo de técnica de aprendizagem automática. Combinam os conceitos de subespaços aleatórios e ensacamento. O algoritmo da floresta de árvores de decisão aprende com múltiplas árvores de decisão treinadas em subconjuntos de dados ligeiramente diferentes.

Uma extensão muito interessante das árvores de decisão foi proposta por Breiman com as florestas aleatórias, que são um conjunto de árvores de decisão aleatórias (cada árvore é construída com base num subconjunto de variáveis, seleccionadas aleatoriamente).

As florestas aleatórias são compostas (como o termo "floresta" implica) por um conjunto de árvores de decisão. Estas árvores distinguem-se umas das outras pela subamostra de dados em que são treinadas. Estas subamostras são retiradas aleatoriamente (daí o termo "aleatório") do conjunto de dados médicos.

As florestas aleatórias são métodos de conjunto baseados na injeção aleatória. O princípio geral dos métodos de conjunto consiste em criar uma coleção de preditores e, em seguida, agregar todas as suas previsões. Num contexto de classificação, a agregação é equivalente, por exemplo, a uma votação por maioria entre as classes fornecidas pelos preditores.

Chen et al propuseram dois métodos para a utilização de florestas aleatórias em conjuntos de dados não equilibrados:

A primeira chama-se Balanced Random Forest (BRF) e consiste em efetuar um bootstrap na classe minoritária e, em seguida, retirar o mesmo número de indivíduos da classe maioritária (com um desconto). Desta forma, a amostra para cada árvore é equilibrada.

A floresta aleatória equilibrada é utilizada quando os dados de treino são extremamente desequilibrados, existindo uma probabilidade significativa de que uma amostra bootstrap contenha pouca ou nenhuma classe minoritária, o que resulta numa árvore com um fraco desempenho na previsão da classe minoritária.

O algoritmo de floresta aleatória equilibrada é ilustrado abaixo:

- Para cada iteração na floresta aleatória, recolher uma amostra bootstrap da classe minoritária. Retirar aleatoriamente o mesmo número de casos, com substituição, da classe maioritária.
- Especificar uma árvore de classificação para os dados de tamanho máximo, sem poda. A árvore é induzida com o algoritmo C4, 5, com a seguinte modificação: Em cada nó, em vez de procurar a divisão óptima de todas as variáveis, procurar apenas um conjunto de variáveis escolhidas aleatoriamente.
- Repetir os dois passos anteriores para o número de vezes desejado. Agregar as previsões do conjunto e efetuar a previsão final.

A segunda abordagem, denominada Floresta Aleatória Ponderada (WBF), consiste simplesmente em construir árvores sensíveis ao custo. Estas duas abordagens produzem bons resultados sem complexidade adicional em comparação com as florestas aleatórias convencionais.

A Floresta Aleatória Ponderada é outra abordagem para tornar a Floresta Aleatória mais adequada para a aprendizagem a partir de dados extremamente desequilibrados, seguindo a ideia de aprendizagem sensível aos custos. Uma vez que o classificador Random Forest tende a ser tendencioso em relação à classe maioritária, vamos impor uma penalização mais pesada para a classificação incorrecta da classe minoritária. Atribuímos um peso a cada classe, com a classe minoritária a receber um peso mais elevado (ou seja, um custo de classificação incorreto mais elevado).

A previsão da classe final para o WRF é então determinada pela agregação do voto ponderado de cada árvore individual, em que os pesos são pesos médios nos nós terminais. Os pesos das classes são um parâmetro de afinação essencial para alcançar o desempenho pretendido. A estimativa de precisão do RF pode ser utilizada para selecionar os pesos.

1.6. PARALELISMO ENTRE OS TRÊS CLASSIFICADORES

Tabela 3.1: Paralelismo entre três classificadores

Temas comparativos	Impulsionamento	Ensacamento	Floresta aleatória
Previsão final	A previsão final é baseada numa combinação (voto ponderado) de várias previsões ou pela média dos factores de previsão.	A previsão final para um novo exemplo é obtida por : Votação por maioria (classificação) Média das previsões (regressão)	No modo de regressão, a previsão final é então No modo de classificação, a agregação consiste em para votar maioria entre os rótulos de classe fornecidos pelos preditores
Vantagem	Bom desempenho de previsão Não necessita de árvores de grande porte Importância das variáveis Rápido, simples e fácil de implementar	O ensacamento reduz a variância quando os preditores são instáveis Estimativa do erro de previsão por bootstrap. Fácil de configurar e adapta-se a qualquer método aprendizagem	Adequado para dimensões muito grandes São geralmente mais eficazes do que as árvores de decisão simples.
Desvantagem	Problema se os pontos forem anómalos ou ruidosos, ponderações exageradas A implementação de um modelo deste tipo continua a ser complicada	Cálculo importante para avaliar um grande número de classificadores. Necessidade de armazenar todos os modelos na combinação para avaliar um novo exemplo O modelo final não é fácil interpretável	Têm a desvantagem de serem mais difíceis de interpretar A aprendizagem é muitas vezes demorada Os valores extremos são muitas vezes mal estimados no caso da regressão

2. CLASSES DESEQUILIBRADAS [12][18][20][25]

2.1. INTRODUÇÃO

A maioria dos sistemas de aprendizagem assume que todos os conjuntos de dados utilizados para a aprendizagem são equilibrados. No entanto, em aplicações reais, este equilíbrio nem sempre é verificado. O processamento de classes a partir de dados desequilibrados é um problema clássico na extração de dados, mas que ainda está muito em aberto, especialmente porque é amplamente utilizado em muitos domínios. O desequilíbrio dos conjuntos de dados pode ser tão elevado como 1 em 100, 1 em 1000, 1 em 10 000 e, muitas vezes, ainda mais elevado.

Se, por exemplo, 99% dos dados pertencerem a uma única classe, será difícil obter um resultado melhor do que o erro de 1% obtido pela classificação de todos os indivíduos nessa classe. É portanto necessário encontrar outras soluções e hipóteses adaptadas ao problema do desequilíbrio sem pôr em causa os fundamentos dos algoritmos. Neste capítulo, apresentamos os vários problemas associados à assimetria de classes e resumimos as abordagens propostas para lidar com o problema do desequilíbrio na aprendizagem.

2.2. PROBLEMAS ASSOCIADOS A DADOS DESEQUILIBRADOS

Num problema de classificação de duas classes, os dados de treino da classe maioritária são muito mais numerosos do que os da classe minoritária. Todos os algoritmos concebidos para obter uma taxa de erro mínima tenderão sempre a negligenciar a classe minoritária, que é, na maioria dos casos, a mais interessante, devido a esta desproporção. Este facto justifica a forte ligação entre as duas formas de assimetria na aprendizagem supervisionada. A assimetria assume duas formas principais: o desequilíbrio das classes e a assimetria dos custos. O desequilíbrio de classes refere-se a problemas em que uma das modalidades da variável-alvo está muito menos representada do que as outras, o que perturba os algoritmos de aprendizagem. A assimetria de custos refere-se a casos em que os custos dos erros não são simétricos.

Propõe-se a distinção de seis categorias de problemas relacionados com os dados e aprender classes raras. Estas categorias são :

- Falta "absoluta" de dados: este problema verifica-se quando os dados disponíveis não são suficientes para definir claramente os limites da classe. Este é o principal problema de desequilíbrio. A figura (III.3) ilustra este problema: as observações a vermelho não são suficientes para definir claramente o conceito desta classe.

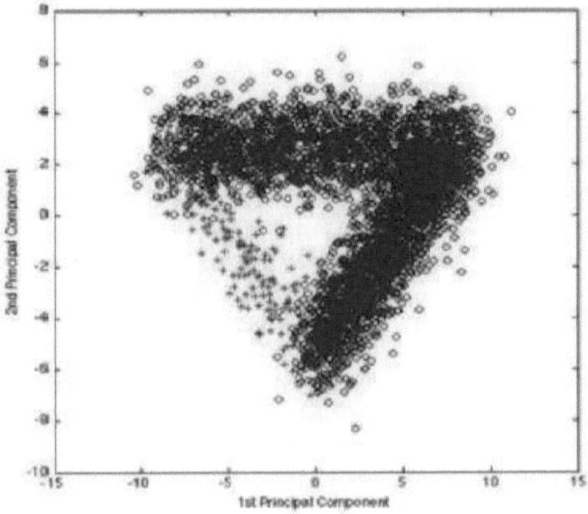

Figura 3.3: Falta absoluta de dados

➢ Falta "relativa" de dados: trata-se de um problema semelhante ao da falta absoluta, com a diferença de que

que, neste caso, a falta é relativa à dimensão da base de dados maioritária. As observações da classe minoritária não são raras em sentido absoluto, mas estão muito menos representadas do que as da outra classe (classe maioritária). Como mostra a figura (III.4), os objectos da classe minoritária (a vermelho) estão representados nos dados numa proporção de 50% em comparação com os objectos da classe maioritária (a azul).

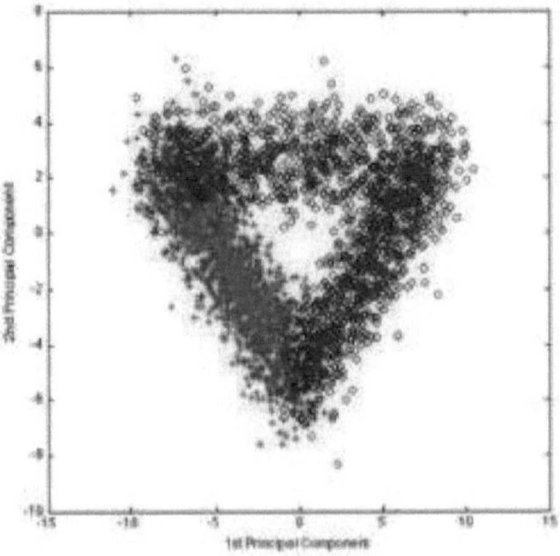

Figura 3.4: Falta relativa de dados

➢ Métricas inadequadas: neste caso, as medidas utilizadas durante o processo de aprendizagem e para avaliar os resultados não estão adaptadas aos problemas das turmas desequilibradas.

- Fragmentação dos dados: este problema está ligado aos algoritmos top-down, que começam com o espaço de todos os indivíduos e o dividem recursivamente em subespaços cada vez mais pequenos.
- Margem de indução inadequada: esta é a margem aplicada à regra aprendida em dados de formação para poder generalizar.
- Dados ruidosos: o ruído tem u m impacto maior nas classes raras do que nas classes raras.

frequente.

2.3. APRENDIZAGEM SENSÍVEL AO DESEQUILÍBRIO ENTRE CLASSES

A. ESTRATÉGIAS DE AMOSTRAGEM

A amostragem é uma técnica essencial na estatística e na extração de dados, nomeadamente quando a classe a prever é rara. Estas técnicas permitem ajustar a amostra de modo a aumentar a frequência desta classe ou a diminuir a das classes maioritárias. Todos os algoritmos que visam obter uma taxa de erro mínima tenderão sempre a negligenciar a classe minoritária, que é a mais interessante, devido a esta desproporção. As técnicas de amostragem constituem uma resposta eficaz a este problema. As várias técnicas de amostragem existentes incluem :

- **Subamostragem**

A subamostragem é uma forma de reequilibrar conjuntos de dados através da remoção de um determinado número de indivíduos pertencentes à classe maioritária. Trata-se de um método simples, mas que corre o risco de retirar indivíduos que são importantes para o conceito de classe maioritária. Para evitar este problema, foram propostas várias técnicas para orientar a subamostragem.

Utilizar a ligação de Tomek como método de subamostragem. Considere dois indivíduos $x1$ e $x2$ pertencentes respetivamente à classe i e à classe j, e d($x1$, $x2$) a distância entre estes dois indivíduos. O par ($x1$, $x2$) é uma ligação de Tomek se não houver nenhum indivíduo x3 tal que d($x3$, $x1$) < d($x1$, $x2$) ou d($x3$, $x2$) < d($x1$, $x2$). Se estes dois indivíduos formarem uma ligação de Tomek, então um deles é ruído, ou ambos são pontos de fronteira.

- **Sobreamostragem**

Ao contrário da subamostragem, a sobreamostragem consiste em aumentar o número de indivíduos da classe minoritária. Como primeira solução, foi proposta a duplicação aleatória dos indivíduos, mas esta solução corre o risco de tornar os algoritmos mais lentos devido à adição de indivíduos, ao mesmo tempo que fornece modelos incapazes de generalizar (risco de sobreaprendizagem).

Foram propostos vários métodos para evitar estes problemas: A abordagem é uma técnica para gerar indivíduos artificiais na classe minoritária. Para cada indivíduo da classe minoritária, calculam-se os seus k vizinhos mais próximos da mesma classe e selecciona-se um certo número deles. Os indivíduos artificiais são então espalhados aleatoriamente ao longo da linha entre o indivíduo da classe minoritária e os seus vizinhos seleccionados.

B. ***ABORDAGEM CONJUNTA***

A abordagem de conjunto é outra família de técnicas que tem sido proposta na literatura para lidar com o problema do desequilíbrio das classes. O princípio subjacente a estas técnicas consiste em tornar qualquer tipo de algoritmo sensível ao desequilíbrio, nomeadamente através de métodos de boosting ou bagging.

O Boosting é um algoritmo iterativo que envolve a atribuição de diferentes pesos aos indivíduos no conjunto de treino. Após cada iteração, o peso dos indivíduos mal classificados aumenta e o peso dos indivíduos corretamente classificados diminui. Uma vez que os erros se concentram frequentemente em classes raras, pode dizer-se que o boosting melhora a aprendizagem em conjuntos de dados desequilibrados, aumentando os pesos dos indivíduos pertencentes à classe minoritária.

O método Bagging (Bootstrap aggregating) baseia-se no princípio da modificação da amostra de formação A para criar um conjunto diversificado de classificadores. Este método envolve a construção de cada hipótese a partir de uma reamostragem bootstrap de A, em que um bootstrap é a extração aleatória de uma amostra de tamanho n a partir de uma amostra inicial do mesmo tamanho. As hipóteses assim construídas são depois combinadas por votação maioritária.

Breiman propôs um ensacamento aleatório de árvores de decisão (cada árvore é construída com base num subconjunto de variáveis, seleccionadas aleatoriamente), conhecido como floresta aleatória. Foram propostos dois métodos para a utilização de florestas aleatórias em conjuntos de dados não equilibrados. O primeiro, "Balanced Random Forest", consiste em efetuar um bootstrap na classe minoritária, extraindo depois o mesmo número de indivíduos da classe maioritária (com um desconto). Desta forma, a amostra para cada árvore é equilibrada. A segunda abordagem é designada por "Floresta Aleatória Ponderada" e consiste em construir árvores sensíveis aos custos.

Temos outra estratégia de amostragem, designada por estratégia algorítmica, que consiste em atuar ao nível do algoritmo e não nos dados de treino. Estas abordagens foram propostas com o objetivo de tornar os algoritmos de aprendizagem sensíveis ao desequilíbrio do conjunto de dados.

3. COMBINAÇÃO DE CLASSIFICADORES [13] [25]

3.1. INTRODUÇÃO

A combinação de classificadores visa combinar informações obtidas a partir de diferentes sistemas com o objetivo de fazer inferências com base nessas observações. É análoga aos terminais utilizados pelos actores para inferir conhecimentos sobre o mundo exterior, pelo que qualquer método de combinação de classificadores procura tirar o máximo partido da complementaridade dos sistemas de decisão individuais envolvidos, o que constitui o desafio da investigação neste domínio. O método ou estratégia de combinação (também conhecido como fusão de decisões) depende muito da natureza dos classificadores.

O domínio de investigação dos sistemas multiclassificadores (MCS) centra-se, por conseguinte, na forma como vários classificadores podem ser aplicados para obter melhores sistemas de classificação. Foi demonstrado que os métodos MCS podem melhorar o desempenho das nossas árvores de decisão para prever melhor o cancro da mama.

Existem duas vias principais de investigação sobre os sistemas MCS. A primeira diz respeito à forma como os classificadores individuais são concebidos e a segunda à investigação sobre os diferentes tipos de combinações desses classificadores.

3.2. A PARTE DA FRENTE DO FATO

A principal ideia subjacente à combinação de classificadores é aumentar o número de
No que respeita ao desempenho, vários investigadores fizeram as seguintes observações:

- Não há melhor classificador capaz de processar ou aprender qualquer distribuição de dados de treino.
- Nenhum classificador pode discriminar suficiente e corretamente entre um grande conjunto de classes.
- Quando vários classificadores são utilizados separadamente para o mesmo conjunto de dados, os conjuntos de dados incorretamente classificados não são necessariamente os mesmos.

A partir destas observações e de muitas outras, surgiu a ideia de fazer com que os classificadores cooperassem para aumentar o desempenho da decisão final, por duas razões principais:

- Precisão: é possível obter uma decisão mais fiável combinando os conselhos (os resultados)
de vários peritos (classificadores).
- Eficiência: um problema complexo pode ser dividido em vários subproblemas
que são mais fáceis de compreender e de resolver (dividir para conquistar).

3.3. TIPOS DE COMBINAÇÃO DE CLASSIFICADORES

A proliferação de trabalhos sobre a combinação conduziu ao desenvolvimento de numerosos esquemas que processam os dados de diferentes formas. Podem ser consideradas três abordagens à combinação de classificadores: paralela, sequencial e híbrida. São também possíveis outras organizações em "looping" ou em "interação". Mas, apesar da diversidade de esquemas de combinação, a determinação da melhor organização continua a ser um problema em aberto.

A. ***Abordagem sequencial***

A combinação sequencial, também designada por combinação em série, está organizada em níveis sucessivos de decisão, o que permite reduzir progressivamente o número de classes possíveis. Em cada nível, existe um único classificador que tem em conta as respostas fornecidas pelo classificador colocado a montante para tratar as rejeições ou confirmar a decisão obtida no formulário apresentado nesta figura:

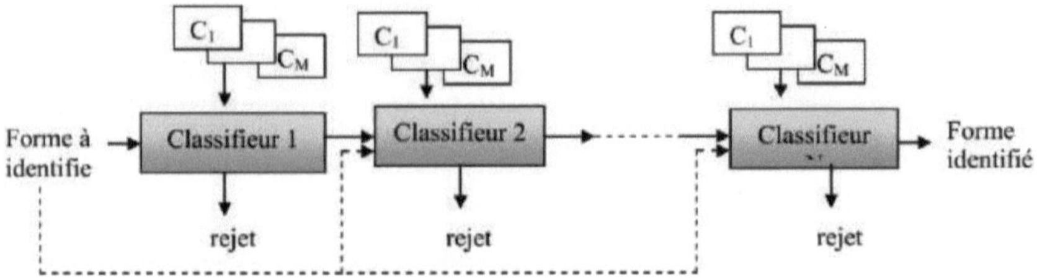

Figura 3.5: Combinação sequencial

Este tipo de combinação oferece as seguintes vantagens:

- Filtragem progressiva de decisões (redução da ambiguidade) ;
- A segunda fase (classificador seguinte) só é aplicada se a primeira falhar.

Por outro lado, foram assinaladas as seguintes desvantagens:

- Seria necessário assumir um conhecimento a priori do comportamento de cada um dos classificadores.
- Sensível à ordem em que os classificadores são colocados

B. ***Combinação paralela***

Ao contrário da abordagem sequencial, a abordagem paralela permite inicialmente que os diferentes classificadores funcionem independentemente uns dos outros e, em seguida, funde as suas respectivas respostas.

Esta fusão é feita de forma democrática, no sentido em que não favorece um classificador em detrimento de outro, ou de forma dirigida, caso em que as respostas de cada classificador são ponderadas em função do seu desempenho. A ordem de execução dos classificadores não é um fator nesta abordagem.

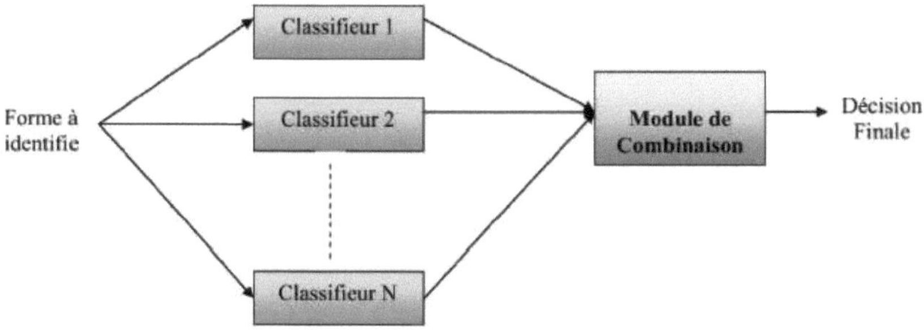

Figura 3.6: Combinação paralela

Este tipo de combinação oferece as seguintes vantagens:

- Muito fácil de instalar;
- Não há necessidade de reconfigurar outros classificadores em caso de mudança de o conjunto ;

É de notar o seguinte inconveniente:

- Por outro lado, sofre de um tempo de cálculo dispendioso devido à ativação de todos os classificadores.

C. Combinação híbrida

Consiste em combinar a abordagem sequencial e a abordagem paralela, por exemplo, uma abordagem globalmente sequencial que processa as rejeições de um primeiro método utilizando dois outros métodos que funcionam em paralelo.

Trata-se de uma combinação das vantagens das duas arquitecturas anteriores:

- Reduzir o conjunto de classes possíveis ;
- Procura de um consenso entre os classificadores.

Esta hibridação oferece as seguintes vantagens:

- Tirar o máximo partido de cada um dos classificadores utilizados;
- Numerosos esquemas de combinação para tirar o máximo partido dos dados.

No entanto, sofre de :

- Totalmente dependente dos dados a processar;
- Muito complexo de otimizar.

É importante que as empresas de cartões de crédito sejam capazes de reconhecer transacções fraudulentas com cartões de crédito para que os clientes não sejam cobrados por artigos que não compraram.

4. RESUMO

Em resumo, apresentámos métodos de conjuntos para encontrar um conjunto de hipóteses que são diferentes na sua tomada de decisão, de modo a que se possam complementar, também realizámos um estudo destes métodos e, em seguida, apresentámos os três métodos de conjuntos, o seu princípio e o algoritmo utilizado.

Neste capítulo, apresentámos uma formulação do problema de aprendizagem de dados desbalanceados com classes assimétricas. Esta assimetria ocorre geralmente a dois níveis principais: ao nível da classe ou ao nível do custo.

Também efectuámos um estudo entre diferentes classificadores; esta tendência
na comunidade científica.

Apresentámos os principais elementos dos vários problemas associados às bases de dados desequilibradas, bem como um resumo dos métodos propostos para os resolver. Estes vários métodos foram agrupados em duas categorias principais: técnicas de amostragem e algoritmos sensíveis à assimetria.

CAPÍTULO QUATRO : EXPERIMENTAÇÃO E INTERPRETAÇÃO DOS RESULTADOS

1. INTRODUÇÃO

Neste capítulo, implementaremos o nosso modelo. Apresentaremos as diferentes ferramentas utilizadas para a implementação, o conjunto de dados utilizado, a arquitetura do modelo e, por fim, interpretaremos os resultados.

2. APRESENTAÇÃO DAS FERRAMENTAS UTILIZADAS

Para construir o nosso sistema, utilizámos uma série de ferramentas de desenvolvimento de software e hardware, que são brevemente descritas a seguir.

2.1 O ambiente de programação

Como parte da nossa solução, vamos analisar a linguagem de programação Python, que é uma linguagem de alto nível, interpretada, de código aberto, multiplataforma e orientada para objectos, utilizada principalmente para a aprendizagem automática e a ciência dos dados.

Graças às suas numerosas bibliotecas especializadas, nomeadamente Panda, Bokeh, Numpy, Scipy, Scrapy, Matpotlib, Scikit-Learn e TensorFlow, Python pode ser utilizado numa vasta gama de situações, como o desenvolvimento de software, a análise de dados, a gestão de infra-estruturas, o tratamento de imagens, a criação de scripts e a automatização de tarefas, etc., oferecendo uma grande flexibilidade nas tarefas a realizar e uma grande compatibilidade independentemente da plataforma utilizada.

A escolha desta linguagem baseia-se nas suas muitas vantagens e características, incluindo: é gratuita e de código aberto; é simples e fácil de compreender; é legível; é extensível e pode ser integrada com outras linguagens; é orientada para objectos; oferece uma vasta gama de bibliotecas; requer menos codificação; e é portátil.

2.2 O ambiente de desenvolvimento de aplicações

O nosso modelo foi concebido no ambiente PyCharm Professional 2022, que é um ambiente de desenvolvimento integrado Python desenvolvido pela empresa de software checa JetBrains. É um software multiplataforma que funciona em Windows, Linux e Mac OS e inclui um conjunto impressionante de ferramentas, tais como assistência inteligente, quadros de desenvolvimento Web, ferramentas científicas (como IPython Notebook, Anaconda, NumPy, Matplotlib, etc.), desenvolvimento intertecnologias e uma enorme coleção de ferramentas de desenvolvimento que inclui um testador e depurador Python, um terminal e um profiler.), desenvolvimento intertecnologias e uma enorme coleção de ferramentas de desenvolvimento, incluindo um testador e um depurador, um terminal e um profiler Python.

Considerado o melhor IDE Python para programadores, o PyCharm fornece análise de código e um depurador gráfico. Também gere testes unitários, integra software de gestão de versões e suporta o desenvolvimento Web com Django.

Figura 4.1: IDE Pycharm

APRESENTAÇÃO DE DADOS

O nosso estudo centra-se na análise de classes desequilibradas para a previsão de fraude de cartão de crédito. Recuperámos a base de dados do site Kaggle.

O conjunto de dados contém transacções com cartões de crédito efectuadas em setembro de 2013 por titulares de cartões europeus. Este conjunto de dados mostra transacções que ocorreram em dois dias, onde temos 492 fraudes em 284 807 transacções. O conjunto de dados é muito desequilibrado, com a classe positiva (fraudes) a representar 0,172% de todas as transacções.

Contém apenas variáveis de entrada numéricas que são o resultado de uma transformação PCA. Infelizmente, devido a questões de confidencialidade, não podemos fornecer as características originais e mais informações de base sobre os dados. As características V1, V2,..., V28 são os componentes principais obtidos com a ACP; as únicas características que não foram transformadas com a ACP são "Tempo" e "Quantidade".

A caraterística "Time" contém os segundos decorridos entre cada transação e a primeira transação no conjunto de dados. A caraterística "Montante" é o montante da transação; esta caraterística pode ser utilizada para uma aprendizagem sensível aos custos, dependendo do exemplo. A caraterística "Class" é a variável de resposta e assume o valor 1 em caso de fraude e 0 no caso contrário.

Dado o rácio de desequilíbrio das classes, recomendamos a medição da precisão utilizando a área sob a curva de precisão-recuperação (AUPRC). A precisão da matriz de confusão não é significativa para a classificação desequilibrada.

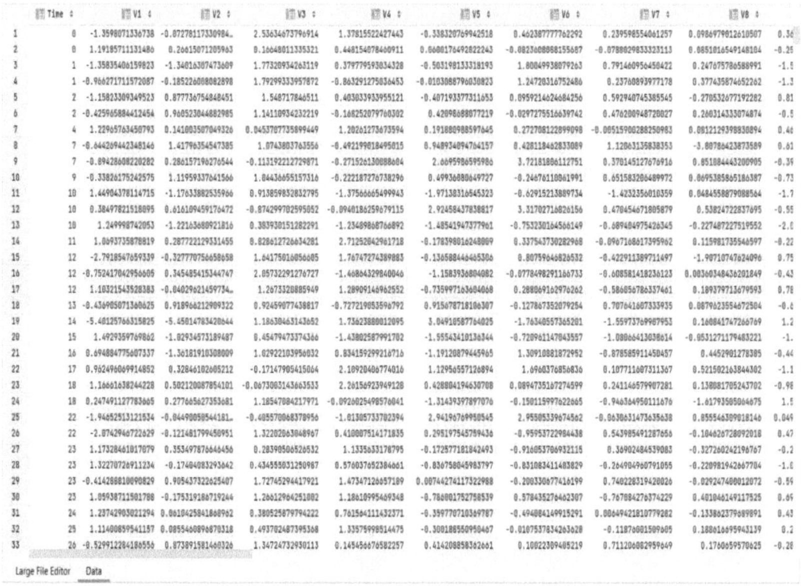

	Time	V1	V2	V3	V4	V5	V6	V7	V8	
1	0	-1.3598071336738	-0.07278117330984…	2.53634673796914	1.37815522427443	-0.338320769942518	0.462387777762292	0.239598554061257	0.0986979012610507	0.36
2	0	1.19185711131486	0.26615071205963	0.16648011335321	0.448154078460911	0.0600176492822243	-0.0823608088155687	-0.0788029833323113	0.0851016549148104	-0.25
3	1	-1.35835406159823	-1.34016307473609	1.77320934263119	0.379779593034328	-0.503198133318193	1.80049938079263	0.791460956450422	0.247675786588991	-1.5
4	1	-0.966271711572087	-0.185226008082898	1.79299333957872	-0.863291275036453	-0.0103088796030823	1.24720316752486	0.23760893977178	0.377435874652262	-1.3
5	2	-1.15823309349523	0.877736754848451	1.548717846511	0.403033933955121	-0.407193377311653	0.0959214624684256	0.592940745385545	-0.270532677192282	0.81
6	2	-0.425965884412454	0.960523044882985	1.14110934232219	-0.168252079760302	0.42098688077219	-0.0297275516639742	0.476200948720027	0.260314333074874	-0.5
7	4	1.22965763450793	0.141003507049326	0.0453707735899449	1.20261273673594	0.191880988597645	0.272708122899098	-0.00515900288250983	0.0812129398830894	0.46
8	7	-0.644269442348146	1.41796354547385	1.0743803763556	-0.492199018495015	0.948934094764157	0.428118462833089	1.12063135838353	-3.80786423873589	0.61
9	7	-0.89428608220282	0.286157196276544	-0.113192212729871	-0.271526130088604	2.6695986595986	3.72181806112751	0.370145127676916	0.851084443200905	-0.39
10	9	-0.33826175242575	1.11959337641566	1.04436655157316	-0.222187276738296	0.49936080649727	-0.24676110061991	0.651583206489972	0.0695385865186387	-0.73
11	10	1.44904378114715	-1.17633882535966	0.913859832832795	-1.37566665499943	-1.97138316545323	-0.62915213889734	-1.4232356010359	0.0484558879088564	-1.7
12	10	0.38497821518095	0.616109459176472	-0.874299702595052	-0.0940186259679115	2.92458437838817	3.31702716826156	0.470454671805879	0.53824722837695	-0.55
13	10	1.249998742053	-1.22163680921816	0.383930151282291	-1.23489868766892	-1.48541947377961	-0.753230164566149	-0.689404975426345	-0.227487227519552	-2.0
14	11	1.0693735878819	0.287722129331455	0.828612726634281	2.71252042961718	-0.178398016248009	0.337543730282968	-0.0967168617395962	0.115981735546597	-0.22
15	12	-2.7918547659339	-0.327770756658658	1.64175016056605	1.76747274389883	-0.136588446465306	0.80759646826532	-0.422911389711497	-1.90710747624096	0.75
16	12	-0.752417042956605	0.345485415344747	2.05732291276727	-1.46864329840046	-1.1583936804082	-0.0778498291166733	-0.608581418236123	0.00360348436201849	-0.43
17	12	1.10321543528383	-0.0402962145973…	1.2673320885949	1.28909146962552	-0.735997163604068	0.288069162976262	-0.586056786337461	0.189379713679593	0.78
18	13	-0.436905071360625	0.918966212909322	0.92459077438817	-0.727219053596792	0.915678718106307	-0.127867352079254	0.707641607333935	0.0879623554672504	-0.6
19	14	-5.40125766315825	-5.45014783420644	1.18630463143652	1.73623880012095	3.04910587764025	-1.76340557365201	-1.55973769987953	0.160841747266769	1.2
20	15	1.4929359769862	-1.02934573189487	0.45479473374366	-1.43802587991702	-1.55543410136344	-0.720961147043557	-1.08066413038614	-0.0531271179483221	-1.
21	16	0.694884775607337	-1.36181910308009	1.02922103956032	0.834159299216716	-1.19120879445965	1.30910881872952	-0.878585911450457	0.4452901278385	-0.44
22	17	0.962496069914852	0.32846102605212	-0.17147905415064	2.10920406774016	1.12956557126894	1.6960376856836	0.107711607311367	0.521502163844302	-1.1
23	18	1.16661638244228	0.502120087854101	-0.0673003143663533	2.26156923949128	0.428804194630708	0.0894735167274599	0.241146579907281	0.138081705243702	-0.98
24	18	0.247491127783665	0.277665627353681	1.18547084217971	-0.0926025498576041	-1.31439397897076	-0.150115997622665	-0.946364950111676	-1.61793505064675	1.5
25	22	-1.94652513121534	-0.0449005054418…	-0.405570068378956	-1.01305733702394	2.94196769950545	2.95505339674562	-0.0630631473635638	0.855546309018146	0.049
26	22	-2.0742946722629	-0.121481799450951	1.32202063048967	0.410007514171835	0.295197545759436	-0.95953722984438	0.543985491287656	-0.104626728092018	0.47
27	23	1.17328461017079	0.353497876646456	0.28390506526532	1.1335633178795	-0.172577181842493	-0.916053706932115	0.36902484539083	-0.327260242196767	-0.2
28	23	1.32270726911234	-0.17404083293642	0.434555031250987	0.576037652384661	-0.836758045983797	-0.831083411483829	-0.264904960791055	-0.220981942667704	-1.0
29	23	-0.414288810090829	0.905437322625407	1.72745294417921	1.47347126657189	0.00744274117322988	-0.200330677416199	0.740228319420026	-0.029247400012072	-0.59
30	23	1.05938711501788	-0.175319186719244	1.26612964251002	1.1861099546934 8	-0.786001752758539	0.578435276462307	-0.767084276374229	0.401046149117525	0.69
31	24	1.23742903021294	0.0610425841868962	0.380525879794222	0.761564111432371	-0.359770710369787	-0.494084149915291	0.00649421810779282	-0.133862379689891	0.43
32	25	1.11400859541157	0.0855460896870318	0.493702487395368	1.33575998514475	-0.300188550950467	-0.0107537834263628	-0.11876001509605	0.188616695943139	0.2
33	26	-0.529912284186556	0.873891581460326	1.34724732930113	0.145456676582257	0.414208858362661	0.10022309405219	0.711206082959649	0.1760659570625	-0.28

Large File Editor Data

Figura 4.2: Extrato de dados importados

3. APLICAÇÃO DO MODELO

O nosso modelo é desenvolvido nas seguintes fases principais: pré-processamento, aprendizagem e teste. Como mostra o diagrama abaixo

Vamos prever a fraude com cartões de crédito com base nos vários valores do conjunto de dados, tal como definido acima

3.1. Importação de bibliotecas

➢ **Pandas**: Pandas é uma biblioteca escrita para a linguagem de programação Python para manipulação e análise de dados. Em particular, fornece estruturas de dados e operações para a manipulação de tabelas numéricas e séries temporais.
!pip install pandas

➢ **Numpy**: Numpy é uma biblioteca para a linguagem de programação Python, concebida para manipular matrizes ou arrays multidimensionais e funções matemáticas que operam nesses arrays.
Mais especificamente, esta biblioteca de software livre e de código aberto fornece uma gama de funções que lhe permitem criar uma tabela diretamente a partir de um ficheiro ou guardar uma tabela num ficheiro, e manipular vectores, matrizes e polinómios.

A utilização do Numpy em python oferece características comparáveis às do Matlab, uma vez que ambos são interpretados. Ambos permitem ao utilizador escrever programas rápidos, realizando operações em matrizes em vez de escalares. O Matlab tem um grande número de caixas de ferramentas adicionais, como o simulink. O Numpy, por outro lado, está intrinsecamente integrado no python, uma linguagem de programação mais recente e completa, e estão disponíveis bibliotecas python adicionais.
!pip install numpy

- **Matplotlib** : Matplotlib é uma biblioteca da linguagem de programação Python concebida para traçar e visualizar dados sob a forma de gráficos. Pode ser combinada com as bibliotecas de computação científica NumPy e SciPy.
!pip install matplotlib

- **Seaborn** : Seaborn é uma biblioteca de visualização de dados Python baseada em matplotlib . Fornece uma interface de alto nível para desenhar gráficos estatísticos atractivos e informativos.
!pip install seaborn

- **Scikit-learn**: Scikit-learn é uma biblioteca Python gratuita para aprendizagem automática. Foi desenvolvida por numerosos colaboradores, em particular no mundo académico, por institutos franceses de ensino superior e de investigação, como o Inria.
A sua estrutura inclui uma série de bibliotecas de algoritmos que podem ser implementados numa base "chave na mão". Estas bibliotecas estão disponíveis, nomeadamente, para os cientistas de dados. Incluem funções para estimar florestas aleatórias, regressões logísticas, algoritmos de classificação e máquinas de vectores de apoio. Foi concebida para se harmonizar com outras bibliotecas Python gratuitas, nomeadamente NumPy e SciPy.
!pip install scikit-learn

- **Imblearn**: Imbalanced-learn (importado como imblearn) é uma biblioteca de código aberto sob a licença MIT que se baseia no scikit-learn (importado como sklearn) e fornece ferramentas para gerir a classificação com classes desequilibradas.
!pip install imblearn

- ***Código fonte***

import pandas as pd import numpy as np
from matplotlib import pyplot as plt import seaborn as sns
from sklearn import preprocessing
from sklearn.metrics import classification_report, confusion_matrix, roc_curve, roc_auc_score,auc, accuracy_score
from sklearn.linear_model import LogisticRegression

from sklearn.model_selection import train_test_split from IPython.core.display import

HTML

3.2. Normalização dos dados

Criamos a função que permite normalizar os dados quantitativos (cont_feat é uma lista de colunas correspondentes a características quantitativas) para reduzir as variáveis a um nível que facilite o tratamento equitativo de todas as colunas:

```
def scale_feat(df,cont_feat) : dfl=df
scaler = preprocessing.RobustScaler() dfl[cont_feat] = scaler.fit_transform(dfl[cont_feat])
return dfl
```

3.3. Traçar curvas de aprendizagem

A função para traçar as curvas de aprendizagem no conjunto de treino e no conjunto de validação para permitir estudar as tendências das curvas:

```
def plot_roc_curve(est,X_test,y_test) : probas = est.predict_proba(X_test)
taxa_de_falsos_positivos, taxa_de_verdadeiros_positivos, limiares =
roc_curve(y_test,probas[:, 1]) roc_auc = auc(taxa_de_falsos_positivos,
taxa_de_verdadeiros_positivos)
plt.figure(figsize=(8,8))
plt.title('Característica de funcionamento do recetor')
plt.plot(taxa_de_positivos_falsos, taxa_de_positivos_verdadeiros, 'b', label='AUC = %0.2f'%
roc_auc) plt.legend(loc='lower right')
plt.plot([0,1],[0,1],'r--')
plt.plot([0,0,1],[0,1,1],'g:')
plt.xlim([-0.05,1.2])
plt.ylim([-0.05,1.2]) plt.ylabel('Taxa de verdadeiros positivos') plt.xlabel('Taxa de falsos
positivos') plt.show
```

3.4. Processamento do conjunto de dados

Começamos por importar o conjunto de dados e apresentar as primeiras cinco linhas para representar todas as colunas:

```
df = pd.read_csv("creditcard.csv") df.head().T
```

	0	1	2	3	4
Time	0.000000	0.000000	1.000000	1.000000	2.000000
V1	-1.359807	1.191857	-1.358354	-0.966272	-1.158233
V2	-0.072781	0.266151	-1.340163	-0.185226	0.877737
V3	2.536347	0.166480	1.773209	1.792993	1.548718
V4	1.378155	0.448154	0.379780	-0.863291	0.403034
V5	-0.338321	0.060018	-0.503198	-0.010309	-0.407193
V6	0.462388	-0.082361	1.800499	1.247203	0.095921
V7	0.239599	-0.078803	0.791461	0.237609	0.592941
V8	0.098698	0.085102	0.247676	0.377436	-0.270533
V9	0.363787	-0.255425	-1.514654	-1.387024	0.817739
V10	0.090794	-0.166974	0.207643	-0.054952	0.753074
V11	-0.551600	1.612727	0.624501	-0.226487	-0.822843
V12	-0.617801	1.065235	0.066084	0.178228	0.538196
V13	-0.991390	0.489095	0.717293	0.507757	1.345852
V14	-0.311169	-0.143772	-0.165946	-0.287924	-1.119670
V15	1.468177	0.635558	2.345865	-0.631418	0.175121
V16	-0.470401	0.463917	-2.890083	-1.059647	-0.451449
V17	0.207971	-0.114805	1.109969	-0.684093	-0.237033
V18	0.025791	-0.183361	-0.121359	1.965775	-0.038195
V19	0.403993	-0.145783	-2.261857	-1.232622	0.803487
V20	0.251412	-0.069083	0.524980	-0.208038	0.408542
V21	-0.018307	-0.225775	0.247998	-0.108300	-0.009431
V22	0.277838	-0.638672	0.771679	0.005274	0.798278
V23	-0.110474	0.101288	0.909412	-0.190321	-0.137458
V24	0.066928	-0.339846	-0.689281	-1.175575	0.141267
V25	0.128539	0.167170	-0.327642	0.647376	-0.206010
V26	-0.189115	0.125895	-0.139097	-0.221929	0.502292
V27	0.133558	-0.008983	-0.055353	0.062723	0.219422
V28	-0.021053	0.014724	-0.059752	0.061458	0.215153
Amount	149.620000	2.690000	378.660000	123.500000	69.990000
Class	0.000000	0.000000	0.000000	0.000000	0.000000

Figura 4.3: Extrato da base de dados

Apresentamos os detalhes estatísticos das instâncias da base de dados importada para nos dar uma visão global e detalhada dos dados no conjunto de dados e também para ver se faltam dados em determinadas linhas: df.describe().T

	count	mean	std	min	25%	50%	75%	max
Time	284807.0	9.481386e+04	47488.145955	0.000000	54201.500000	84692.000000	139320.500000	172792.000000
V1	284807.0	1.168375e-15	1.958696	-56.407510	-0.920373	0.018109	1.315642	2.454930
V2	284807.0	3.416908e-16	1.651309	-72.715728	-0.598550	0.065486	0.803724	22.057729
V3	284807.0	-1.379537e-15	1.516255	-48.325589	-0.890365	0.179846	1.027196	9.382558
V4	284807.0	2.074095e-15	1.415869	-5.683171	-0.848640	-0.019847	0.743341	16.875344
V5	284807.0	9.604066e-16	1.380247	-113.743307	-0.691597	-0.054336	0.611926	34.801666
V6	284807.0	1.487313e-15	1.332271	-26.160506	-0.768296	-0.274187	0.398565	73.301626
V7	284807.0	-5.556467e-16	1.237094	-43.557242	-0.554076	0.040103	0.570436	120.589494
V8	284807.0	1.213481e-16	1.194353	-73.216718	-0.208630	0.022358	0.327346	20.007208
V9	284807.0	-2.406331e-15	1.098632	-13.434066	-0.643098	-0.051429	0.597139	15.594995
V10	284807.0	2.239053e-15	1.088850	-24.588262	-0.535426	-0.092917	0.453923	23.745136
V11	284807.0	1.673327e-15	1.020713	-4.797473	-0.762494	-0.032757	0.739593	12.018913
V12	284807.0	-1.247012e-15	0.999201	-18.683715	-0.405571	0.140033	0.618238	7.848392
V13	284807.0	8.190001e-16	0.995274	-5.791881	-0.648539	-0.013568	0.662505	7.126883
V14	284807.0	1.207294e-15	0.958596	-19.214325	-0.425574	0.050601	0.493150	10.526766
V15	284807.0	4.887456e-15	0.915316	-4.498945	-0.582884	0.048072	0.648821	8.877742
V16	284807.0	1.437716e-15	0.876253	-14.129855	-0.468037	0.066413	0.523296	17.315112
V17	284807.0	-3.772171e-16	0.849337	-25.162799	-0.483748	-0.065676	0.399675	9.253526
V18	284807.0	9.564149e-16	0.838176	-9.498746	-0.498850	-0.003636	0.500807	5.041069
V19	284807.0	1.039917e-15	0.814041	-7.213527	-0.456299	0.003735	0.458949	5.591971
V20	284807.0	6.406204e-16	0.770925	-54.497720	-0.211721	-0.062481	0.133041	39.420904
V21	284807.0	1.654067e-16	0.734524	-34.830382	-0.228395	-0.029450	0.186377	27.202839
V22	284807.0	-3.568593e-16	0.725702	-10.933144	-0.542350	0.006782	0.528554	10.503090
V23	284807.0	2.578648e-16	0.624460	-44.807735	-0.161846	-0.011193	0.147642	22.528412
V24	284807.0	4.473266e-15	0.605647	-2.836627	-0.354586	0.040976	0.439527	4.584549
V25	284807.0	5.340915e-16	0.521278	-10.295397	-0.317145	0.016594	0.350716	7.519589
V26	284807.0	1.683437e-15	0.482227	-2.604551	-0.326984	-0.052139	0.240952	3.517346
V27	284807.0	-3.660091e-16	0.403632	-22.565679	-0.070840	0.001342	0.091045	31.612198
V28	284807.0	-1.227390e-16	0.330083	-15.430084	-0.052960	0.011244	0.078280	33.847808
Amount	284807.0	8.834962e+01	250.120109	0.000000	5.600000	22.000000	77.165000	25691.160000
Class	284807.0	1.727486e-03	0.041527	0.000000	0.000000	0.000000	0.000000	1.000000

Figura 4.4: Distribuição das instâncias no conjunto de treino

Verificamos se há desequilíbrio no conjunto de dados:

```
In 15  1 | df.Class.value_counts()

Out 15    0    284315
          1       492
          Name: Class, dtype: int64
```

Figura 4.5: Verificação do desequilíbrio do conjunto de dados

Notamos que os dados do nosso conjunto de dados são muito desequilibrados, com apenas 492 transacções fraudulentas em comparação com 28.4315 transacções não fraudulentas, representando 99,827% das transacções não fraudulentas e 0,172% das transacções fraudulentas.

Verificamos se existem valores zero ou valores em falta em
o conjunto de dados :

```
In 16  1  df.isnull().values.sum()

Out 16     0
```

Figura 4.6: Verificação da existência de valores nulos no conjunto de dados

Chamamos à função de normalização criada acima :

cont_feat = list(set(df.columns)-{'Class'}) df=scale_feat(df,cont_feat) df[cont_feat].describe().T

	count	mean	std	min	25%	50%	75%	max
V2	284807.0	-0.046700	1.177594	-51.902285	-0.473542	0.0	0.526458	15.683274
V16	284807.0	-0.066994	0.883914	-14.320381	-0.539123	0.0	0.460877	17.399498
V9	284807.0	0.041467	0.885825	-10.790391	-0.477061	0.0	0.522939	12.615676
V6	284807.0	0.234978	1.141757	-22.184587	-0.423451	0.0	0.576549	63.054506
V13	284807.0	0.010349	0.759146	-4.407413	-0.484325	0.0	0.515675	5.446384
V28	284807.0	-0.085674	2.515117	-117.657402	-0.489209	0.0	0.510791	257.822531
V8	284807.0	-0.041715	2.228372	-136.646287	-0.430967	0.0	0.569033	37.286865
Time	284807.0	0.118914	0.557903	-0.994983	-0.358210	0.0	0.641790	1.035022
V4	284807.0	0.012467	0.889375	-3.557406	-0.520605	0.0	0.479395	10.612681
V27	284807.0	-0.008291	2.493334	-139.401862	-0.445883	0.0	0.554117	195.267780
V23	284807.0	0.036166	2.017718	-144.743845	-0.486782	0.0	0.513218	72.828591
V26	284807.0	0.091805	0.849087	-4.494188	-0.483936	0.0	0.516064	6.285011
V12	284807.0	-0.136776	0.975964	-18.385986	-0.532916	0.0	0.467084	7.529095
V24	284807.0	-0.051600	0.762671	-3.623671	-0.498118	0.0	0.501882	5.721572
V21	284807.0	0.071003	1.770910	-83.903734	-0.479648	0.0	0.520352	65.656022
V11	284807.0	0.021808	0.679530	-3.172063	-0.485815	0.0	0.514185	8.023281
V17	284807.0	0.074342	0.961416	-28.408945	-0.473241	0.0	0.526759	10.548966
Amount	284807.0	0.927124	3.495006	-0.307413	-0.229162	0.0	0.770838	358.683155
V5	284807.0	0.041684	1.058858	-87.216663	-0.488876	0.0	0.511124	26.739834
V10	284807.0	0.093918	1.100572	-24.759049	-0.447272	0.0	0.552728	24.094682
V1	284807.0	-0.008099	0.875976	-25.234901	-0.419712	0.0	0.580288	1.089805
V14	284807.0	-0.055078	1.043399	-20.969224	-0.518301	0.0	0.481699	11.402953
V7	284807.0	-0.035663	1.100116	-38.770014	-0.528388	0.0	0.471612	107.201520
V20	284807.0	0.181230	2.236107	-157.892131	-0.432879	0.0	0.567121	114.523532
V22	284807.0	-0.006333	0.677653	-10.215599	-0.512775	0.0	0.487225	9.801353
V3	284807.0	-0.093789	0.790721	-25.295389	-0.558111	0.0	0.441889	4.799177
V15	284807.0	-0.039028	0.743129	-3.691644	-0.512262	0.0	0.487738	7.168656
V25	284807.0	-0.024846	0.780519	-15.440333	-0.499713	0.0	0.500287	11.234373
V19	284807.0	-0.004081	0.889420	-7.885579	-0.502633	0.0	0.497367	6.105706
V18	284807.0	0.003638	0.838464	-9.498372	-0.495384	0.0	0.504616	5.046439

Figura 4.7: Normalização dos dados quantitativos

Apresentamos as distribuições dos valores contínuos :
for col in cont_feat : plt.figure(figsize=[10,5]) plt.title(col) sns.kdeplot(df[col])

Figura 4.8: Extração de uma distribuição de valores contínuos

É um pouco difícil estudar os números porque não sabemos a que é que se referem.

3.5. Floresta aleatória

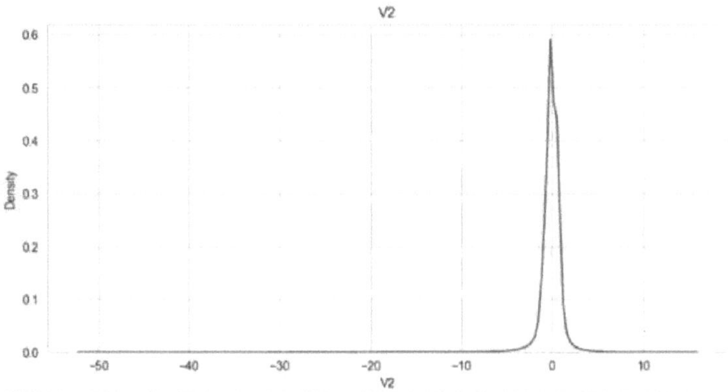

Um dos grandes desafios da aprendizagem automática nos últimos anos tem sido a explicabilidade ou interpretabilidade dos modelos.

É bastante eficaz e dispomos de técnicas para interpretar os resultados. Por exemplo, podemos determinar que características (colunas) foram decisivas para obter uma previsão. A floresta aleatória oferece uma maior transparência sobre a forma como os dados de treino são utilizados.

Construímos os conjuntos de treino e de teste, ou seja, dividimos o nosso conjunto de dados criando duas classes de dados X e Y :

X = df.drop(['Class'], axis=1) y = df.Class
X_treino, X_teste, y_treino, y_teste = train_test_split(X, y, test_size=0.2, random_state=1) : Seleccionámos apenas 20% dos dados para o teste e controlámos a aleatoriedade de modo a obtermos os mesmos dados de cada vez que treinamos os dados.

Estamos a testar florestas aleatórias:

```
from sklearn import ensemble
rf = ensemble.RandomForestClassifier() rf.fit(X_train, y_train)
y_rf = rf.predict(X_test) print(classification_report(y_test, y_rf))
pd.crosstab(y_test, y_rf, rownames=['Reel'], colnames=['Prediction'], margins=True)
```

```
In 24   print(classification_report(y_test, y_rf))

              precision    recall  f1-score   support

           0       1.00      1.00      1.00     56875
           1       0.93      0.76      0.84        87

    accuracy                           1.00     56962
   macro avg       0.96      0.88      0.92     56962
weighted avg       1.00      1.00      1.00     56962
```

```
In 25   pd.crosstab(y_test, y_rf, rownames=['Reel'], colnames=['Prediction'], margins=True)
```

Out 25

Prediction Reel	0	1	All
0	56870	5	56875
1	21	66	87
All	56891	71	56962

Figura 4.9: Resultado do teste da floresta aleatória

O modelo tem uma precisão de 1, o que é um resultado muito bom. Para a classe de transacções não fraudulentas, temos 56 875 transacções boas e conseguimos classificar os dados com 100% de precisão, e temos 87 transacções fraudulentas que conseguimos classificar com 93% de precisão.

Quanto à matriz de confusão, uma vez que estamos a utilizar a classificação binária, a nossa matriz tem 4 células, ou seja, duas linhas e duas colunas; nas linhas onde temos os resultados reais e nas colunas onde temos os resultados previstos, dizemos que, para um total de 56875 transacções não fraudulentas, após o processamento, o modelo concluiu que 56870 ou 99,991% eram transacções não fraudulentas, ou seja, verdadeiros positivos, e apenas 5 transacções, ou seja, 0,008%, eram transacções fraudulentas, ou seja, falsos positivos. De um total de 87 transacções fraudulentas, o modelo classificou corretamente 66, ou seja, 75,862%, como verdadeiros negativos, e 21 transacções foram classificadas incorretamente, ou seja, 24,137%, como falsos negativos.

3.6. Subamostragem

Verificámos que há muito menos transacções fraudulentas do que não fraudulentas.
Vamos manter tantas transacções não fraudulentas como transacções fraudulentas no conjunto de treino (X_train), seleccionando aleatoriamente as que vamos manter. Dizemos que estamos a "subamostrar a classe maioritária".

from imblearn.under_sampling import RandomUnderSampler rus = RandomUnderSampler()
X_treino, y_treino = rus.fit_resample(X_treino, y_treino)

Verificamos se o conjunto de treino foi equilibrado: y_train.value_counts()

```
In 28    y_train.value_counts()

Out 28   0    405
         1    405
         Name: Class, dtype: int64
```

Figura 4.10: Equilíbrio do conjunto de treino

Aplicamos florestas aleatórias ao novo conjunto de treino:

rf = ensemble.RandomForestClassifier() rf.fit(X_train, y_train)
y_rf = rf.predict(X_test) print(classification_report(y_test, y_rf))
pd.crosstab(y_test, y_rf, rownames=['Reel'], colnames=['Prediction'], margins=True)

```
In 29
rf = ensemble.RandomForestClassifier()
rf.fit(X_train, y_train)
y_rf = rf.predict(X_test)

print(classification_report(y_test, y_rf))

pd.crosstab(y_test, y_rf, rownames=['Reel'], colnames=['Prediction'], margins=True)
```

```
              precision    recall  f1-score   support

           0       1.00      0.97      0.99     56875
           1       0.05      0.90      0.10        87

    accuracy                           0.97     56962
   macro avg       0.53      0.94      0.54     56962
weighted avg       1.00      0.97      0.99     56962
```

Out 29

Prediction Reel	0	1	All
0	55418	1457	56875
1	9	78	87
All	55427	1535	56962

Figura 4.11: Resultado da subamostragem

O verdadeiro positivo foi de 55418 em 56875, ou seja, 99,128%, o falso positivo foi de 1457 em 56875, ou seja, 2,561%, o verdadeiro negativo foi de 78 em 87, ou seja, 89,655%, e o falso negativo foi de 9 em 87, ou seja, 10,344%.

Temos menos dados de treino, mas os resultados são ligeiramente melhores para a deteção de fraudes (78 em 87).

3.7. Sobreamostragem

Vamos reequilibrar o conjunto de dados através de uma sobreamostragem da classe minoritária - descobrimos que há muito mais transacções não fraudulentas do que fraudulentas.

Vamos duplicar tantas transacções fraudulentas como as não fraudulentas, criando assim dados "falsos" (mas "plausíveis") para fins de aprendizagem:

```
from imblearn.over_sampling import SMOTE smote = SMOTE()
X_train, y_train = smote.fit_resample(X_train, y_train) y_train.value_counts()
```

Equilibrámos o conjunto de treino ("adicionando" dados); Testámos as florestas aleatórias com os dados sobreamostrados:

```
from sklearn import ensemble
rf = ensemble.RandomForestClassifier() rf.fit(X_train, y_train)
y_rf = rf.predict(X_test)

print(relatório_classificação(y_teste, y_rf))
pd.crosstab(y_test, y_rf, rownames=['Reel'], colnames=['Prediction'], margins=True)
```

```
In 33 : y_train.value_counts()

Out 33   0    227440
         1    227440
         Name: Class, dtype: int64

In 34 : from sklearn import ensemble
        rf = ensemble.RandomForestClassifier()
        rf.fit(X_train, y_train)
        y_rf = rf.predict(X_test)

In 35 : print(classification_report(y_test, y_rf))

                  precision    recall  f1-score   support

               0       1.00      1.00      1.00     56875
               1       0.87      0.79      0.83        87

        accuracy                           1.00     56962
       macro avg       0.94      0.90      0.92     56962
    weighted avg       1.00      1.00      1.00     56962

In 36 : pd.crosstab(y_test, y_rf, rownames=['Reel'], colnames=['Prediction'], margins=True)
```

Out 36

Prediction Reel	0	1	All
0	56865	10	56875
1	18	69	87
All	56883	79	56962

Figura 4.12: Resultado da sobreamostragem

O verdadeiro positivo foi de 56865 em 56875, ou seja, 99,982%, o falso positivo foi de 10 em 56875, ou seja, 0,017%, o verdadeiro negativo foi de 69 em 87, ou seja, 79,310%, e o falso negativo foi de 18 em 87, ou seja, 20,689%.
Os resultados são bons, mas não tão bons como os dos dois modelos anteriores.

4. INTERPRETAÇÃO DOS RESULTADOS

Tendo em conta as experiências anteriores, concluímos que o nosso problema pode ser resolvido utilizando vários modelos que têm todos uma precisão equivalente, como o Random Forest.

No caso da floresta aleatória, verificámos que, para um total de 56875 transacções não fraudulentas, após o processamento, o modelo concluiu que 56870 ou 99,991% eram transacções não fraudulentas, ou seja, verdadeiros positivos, e apenas 5 transacções ou 0,008% eram transacções fraudulentas, ou seja, falsos positivos, e de um total de 87 transacções fraudulentas, o modelo classificou corretamente 66 ou 75,862% como verdadeiros negativos e 21 ou 24,137% como falsos negativos.

Para a subamostragem, o verdadeiro positivo foi de 55418 em 56875, ou seja, 99,128%, o falso positivo foi de 1457 em 56875, ou seja, 2,561%, o verdadeiro negativo foi de 78 em 87, ou seja, 89,655%, e o falso negativo foi de 9 em 87, ou seja, 10,344%.

Para a sobreamostragem, o verdadeiro positivo foi de 56865 em 56875, ou seja, 99,982%, o falso positivo foi de 10 em 56875, ou seja, 0,017%, o verdadeiro negativo foi de 69 em 87, ou seja, 79,310%, e o falso negativo foi de 18 em 87, ou seja, 20,689%.

Após o nosso estudo, verificámos que a classe das transacções não fraudulentas é a melhor classificada utilizando a floresta aleatória porque o modelo consegue dar 100% de precisão na classificação dos dados e o mesmo se aplica às transacções fraudulentas porque com uma precisão de classificação de 93% em comparação com outros métodos que nos dão precisões mais baixas.

Em relação aos resultados, verificamos que o Random Forest é o que melhor se adapta aos nossos dados, uma vez que a sua precisão é superior à dos outros dois métodos, apesar do desequilíbrio do nosso conjunto de dados. Os resultados são bastante bons, mas os métodos de sobreamostragem e subamostragem não melhoram o desempenho dos algoritmos.

5. RESUMO

Este capítulo demonstrou que a conceção de um sistema básico de deteção de fraudes pode ser realizada utilizando estratégias simples de pré-processamento e classificadores normais de aprendizagem automática. Em particular, foi possível obter um desempenho de deteção de fraude muito superior ao de um classificador aleatório.

No entanto, o capítulo apenas arranhou a superfície de como abordar um problema de deteção de fraude. Como sabemos, há muitas técnicas mais avançadas que podem ser utilizadas para melhorar o desempenho. O desempenho pode ser abordado em termos de exatidão da deteção de fraudes, mas também em termos de requisitos computacionais (memória/tempo de execução).

Este último aspeto é importante na prática durante a formação, uma vez que os sistemas de deteção de fraudes têm de processar grandes quantidades de dados (muito maiores do que os utilizados neste exemplo básico) e também durante a inferência para processamento em tempo real ou quase real. Em geral, é necessário ponderar cuidadosamente as soluções de compromisso entre a exatidão e os requisitos computacionais.

CONCLUSÃO GERAL

O objetivo do nosso estudo foi construir um modelo de previsão utilizando métodos de montagem para melhorar o desempenho de um classificador individual para lidar com conjuntos de dados desequilibrados.

Sabe-se que a deteção de padrões de fraude nas transacções com cartões de pagamento é um problema muito difícil. Com o aumento constante da quantidade de dados gerados pelas transacções com cartões de pagamento, tornou-se impossível para um analista humano detetar padrões fraudulentos em conjuntos de dados de transacções, que se caracterizam frequentemente por um grande número de amostras, muitas dimensões e actualizações em linha. Consequentemente, na última década, a conceção de técnicas de deteção de fraudes com cartões de pagamento tem-se centrado cada vez mais em abordagens baseadas em técnicas de aprendizagem automática, que automatizam o processo de identificação de padrões fraudulentos a partir de grandes volumes de dados.

Para atingir o nosso objetivo, utilizámos a floresta aleatória, que é um método que combina várias árvores de decisão para chegar a uma decisão óptima; utilizámos também os métodos de subamostragem e de sobreamostragem para chegar aos mesmos resultados e, por fim, tirámos uma conclusão sobre os três métodos utilizados, que implementámos utilizando a linguagem de programação phyton.

Após a nossa análise, verificámos e concluímos que o método da floresta aleatória é o mais adequado para o nosso estudo, porque o modelo é capaz de dar uma boa precisão de até 100% na classificação dos dados para a classe das transacções não fraudulentas e o mesmo para as transacções fraudulentas, porque com uma precisão de classificação de 93% em comparação com outros métodos que nos dão precisões inferiores a estas.

Como perspetiva, propomos, em trabalhos futuros, testar a eficácia de outra solução, como a utilização de uma combinação heterogénea, a fim de beneficiar das vantagens de cada classificador individual.

Em conclusão, esperamos que este modesto trabalho tenha dado um contributo, ainda que pequeno, para este vasto campo de investigação, simultaneamente interessante, desafiante e atual, sem, no entanto, pretendermos que seja perfeito.

BIBLIOGRAFIA

I. OBRAS

1. A. CONUEJOLS, L. MICLET e Y. KODRATOFF, Aprendizagem artificial: conceitos e algoritmos, Eyrolles 2003
2. L. BREIMAN, Arcing classifiers, The Annals of Statistics, vol. 26, no 3, 1998.
3. L. BREIMAN, Randon Forest Machine Learning. Califórnia, 2001.
4. L BREIMAN, J.H. FRIEDMAN, R.A. OLSHEN e C.J. STONE. Classificação e Regression Trees (Árvores de Regressão). Nova Iorque, 1984.
5. Guillaume Saint-Cirgue, Aprender aprendizagem automática numa semana, Edição de 2019. P.36, 37
6. HARRINGTON Peter, Aprendizagem automática em ação, MANNING 2012
7. M. LICHMAN. Repositório de aprendizagem automática da UCI, 2013.
8. V NITESH, W. Bowyer, O. Lawrence HALL, e W. Philip KEGELMEYER. Smote: Synthetic minority over-sampling technique Journal of Artificial Intelligence and Research, 2002.
9. Nickerson A., N. Japkowiez e E. Milios Using unsupervised learning to guide resampling in imbalanced data set In Proceedings of the Eighth International Workshop on Artificial Intelligence and Statistics, 2001.
10. Chao Chen, Andy Liaw e Breiman, L., Using Random Forest to Learn Imbalanced Data. Machine Learning, 2001.

II. TESES E ARTIGOS

8. Tese de LABARRE Mélanie, comparação de métodos ensemblist, Universidade de Montréal, junho de 2003
9. Tese de HAMDI Fatama, Aprendizagem em distribuições desequilibradas, Université Paris 13, dezembro de 2012
10. Rahman, A. and Fairhurst, M. Multiple classifier decision combination strategies for character recognition: a review. Journal Document Analysis and Recognition JDAR, 2003
11. Laurent Rouvière, Introdução aos métodos de agregação: boosting, bagging e florestas aleatórias. Ilustrações com R. Universidade de Rennes 2
12. Henri-Maxime Suchier. New Contributions of Boosting in Machine Learning. Tese de doutoramento, Universidade Jean Monnet, Saint-Etienne, 2006.
13. Stanislas Lauly, Exploring autoencoder-based neural networks in textual data modelling, Tese, Universidade de Sherbrooke, Quebeque, Canadá, 6 de agosto de 2016, P.5, 7, 8, 14 , 16, 17, 18

III. NOTAS DE CURSO

14. Fabien Teytaud, Curso de aprendizagem artificial, Universidade do Litoral da Costa d o Marfim 30
outubro de 2018 P.3

15. Kafunda Katalay P, datawarehouse, nota de curso Universidade de Kinshasa 2016
16. Professor Doutor Kafunda Katalay, Lecture Notes on Artificial Intelligence segundo grau em engenharia informática, Universidade de Mbuji-Mayi, 2021.

17. Mokhtar Taffar Docente-pesquisador-Apoio de cursos Iniciação à aprendizagem Universidade Automática de Jijel
18. PREUX Ph., Fouille de données, Notes de cours Université de Lille 3, 31 de agosto de 2009

IV. MEMÓRIA

19. DERKOUI A. e DERKOUI S. Etude comparative des méthodes ensemblistes de classification des données médicales, Université Abou Bakr Belkaïd de Tlemcen, setembro de 2017.
20. KANKOLONGO A. Desenvolvimento de um modelo de sistema de deteção de intrusões,
Universidade de Mbujimayi, 2018
21. NGELEKA S., a redução das falsas rejeições e das falsas aceitações de informações bancárias, Universidade de Mbujimayi ,2017-2018
22. NKASHAMA KANDA D., Aprendizagem supervisionada com base nos separadores de grande dimensão
23. Margem para a deteção de intrusões Aplicação ao problema das classes desequilibradas, Universidade de Kinshasa, 2015-2016
24. KELLY K., Artificial learning based on AdaBoost combination of classifiers for performance improvement of weak learning algorithms, Universidade de Kinshasa 2012.

WEBOGRAFIA

25. https://blog.octo.com/les-methodes-ensemblistes-pour-algorithmes-de-machine-earning
em 14-10-2022; 19:39

26. https://www.quantmetry.com/single-post/2017/02/02/Classification-upervis%C3%A9e-
et-Asym%C3%A9trie em 14-10-2022; 22:17

27. http://www.u-picardie.fr/~furst/apprentissage.php em 07/11/2022 ; 21:27

28. http://www.wikipedia.com/Apprentissage automatic.htm em 01-05-2022; 18:26

29. https://seaborn.pydata.org/ em 25-11-2022; 23:39

30. https://www.kaggle.com/datasets/mlg-ulb/creditcardfraud em 17-10-2022; 07:23

31. https://imbalanced-learn.org/stable/ em 26-11-2022 ; 01:03

MIX
Papier aus verantwortungsvollen Quellen
Paper from responsible sources
FSC® C105338

Printed by Books on Demand GmbH, Norderstedt / Germany